かげした真由子
命日ホロスコープ占い師

Fortune-telling with the date of pass away.

命日占い《めいにちうらない》

〈未来編〉

「亡くなった日」から始まった、
大切な故人との10の物語

サンマーク出版

私たちは今も昔も、空と地上でも、
1枚の布で繋がっています。

天にいるあの人が、ゆらりと布を揺らせば、
地にいるあなたに、そのゆらぎは伝わります。

そのゆらぎには惜しみない愛と、
生きることへの安心感が込められています。

どうぞ受け取ってください。
あの人はいつもあなたのそばにいて、
一緒に泣いたり、笑ったりしています。
そして、とっても安心しています。

ですから、あなたもどうぞ、安心して生きてください。

あの人がそうだったように
いつかあなたにも地上を卒業する日がやってくるでしょう。

だから、運命がその日を決めるまで、
あなたは安心して生きてください。

安心して幸せになってください。

かと言って、もしあなたがあの人を失った悲しみから、
立ち直れなかったとしても、それも大丈夫です。
泣いてばかりいてもいいんですよ。

あなたとあの人がお別れしたことは、
とても悲しいできごとなのですから。

ただし、１人で乗り越えようとしないでくださいね。
なぜなら、あの人もまた、
あなたとお別れしたことを悲しんでいるのですから。

悲しみはあの人と一緒に乗り越える。
それが今のあなたにできること。

地上であなたに手を差し伸べてくれる人の手を通じて
あの人も、あなたに安心感を届けるでしょう。

もう一度言います。

あなたは安心して生きてください。
安心して幸せになってください。
未来への扉はいつも開かれています。

あなたたちはいつでも1枚の布で繋がっているので、
大丈夫ですよ。

はじめに

命日占い。

それはひと足早く天に帰った大切な人と、残された私たちとの絆を読み解く占いです。

2020年6月に生まれた1冊目の本は、私の予想を超えて多くの方の心にお届けすることができました。

「故人との間にあった気がかりが解消しました」
「故人から愛されていることを今一度思い出しました」
「故人から応援されている感じがして勇気が湧いてきました！」
と心温まるお声をたくさんたくさん頂戴しました。

一言で言うと、「命日占い」が故人とあなたの間にある過去に生じた「ちょっとした誤解」を解くお手伝いをさせていただけたのでしょう。

そういった声に背中を押されるように今回、2冊目を書かせていただきました。と言っても、今回は「命日占いのやり方」をお伝えするものではありません。

命日占いを体験していただいた方の、その後の物語を皆様にお届けします。

では、なぜ「その後の物語」をお伝えしたかったのか。

それは、どんなお別れであっても、それを体験したあなたの未来が安心に満ち溢れていることを確認していただきたいからです。

とはいえ、私がいくら理屈を並べたところで、それは伝わらない自信がありました。

ですから今回、10人の方にご協力をお願いしました。

その10人による、大切な人の「亡くなった日」から始まった新しい物語を紡いだのが、本書となります。

いろんな思いが交差するご両親とのお別れ、
会ったこともない肉親の死への困惑、
幼すぎる命との別離、
愛を注いでくれた祖父母とのお別れ、
愛する人との別れなど、
これは10人が実際に経験した物語です。

その10人は命日占いを通して、そして自分の中に眠る無限の可能性を通して、悲しいお別れの先に、小さいけれど力強い光を見つけ出しました。

この光はそれぞれ形が違うけれど、正真正銘、「同じ光」です。

そして、あなたの未来にも必ず、その光は存在する！

私はそう確信しています。

そう言う意味で、この10人の物語は、あなたのための物語でもあるのです。

それぞれの方の物語にご自身を重ね合わせていただくことで、何か大切なことを思い出していただきたい。

さらに、今、もしお辛い中にあったとしても、この10人の方がそうであるように、あなたの未来が安心で彩られていることを確かめていただきたい。

そう思います。

ただ、これは決して、故人のことを忘れて、悲しみはなかったことにしましょう！　と言っているわけではありません。

悲しみは消えません。

もちろん形を変えていきますが、そのままです。


しかし、故人との絆を今一度確かめることで、故人との新しい思い出が生まれます。


「そう言えばあんなことを言っていたなあ」

「そうか！　だからあんな行動をとっていたのね！」

「私、本当はこんなにも愛されていたんですね」

こんなふうにお別れの後に出会う〝新しい故人〟が必ず存在するはずなのです。


「これからどんな故人の新しい側面に出会えるだろうか」

そう。あなたと故人の関係性はこれからもずっと、ずっと続くのです。

本に込められたそんな祈りが、少しでも伝われば嬉しく思います。


さて、1冊目の「命日占い」では故人との絆を10分類し、解説させていただきましたが、今回もう少し細密に星からの情報を読み解きます。

「からくり」を知りたかった方には、その一端を覗き見ていただけるような本でもあります。


「占いのようだけど、占いではない」

「星占いのようだけど、セラピーのようだ」

「命日占いはセラピーなのでは？」

「なんでも占いにするんだなあ」と色々なレビューや反響をいただきましたが、受け取る人の数だけ答えがあっていいと思っています。

私自身、これに関しては、あえて答えを出さないでおこうと思います。

確かなことは、1人の平凡な占い師が、占いや占星術の持つ世界観に感動し、世の中に安心感を生み出したいと願った結果、できあがったものだということです。

※一部、プライバシーに配慮し、固有名詞、年齢などを仮のものとして記載させていただいていることをご了承ください。

かげした 真由子

Contents

「命日占い」で分かる10個の故人との関係性

さて、それではここから実際にあなたと、天に旅立った大切な人との関係性を読み解いていきましょう。星同士の配置から編み出したのは、10個の物語。

あなたと故人の絆の物語がどれにあたるかは、あなたの「誕生日」と故人の「命日」が分かれば導き出すことができます。

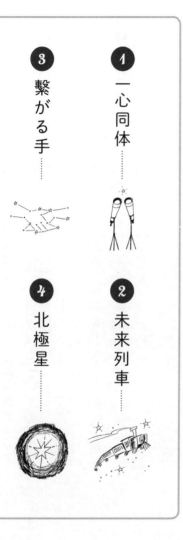

1 一心同体……

2 未来列車……

3 繋がる手……

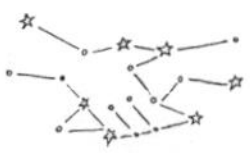

4 北極星……

5 天の川……

6 こだま……

7 合奏……

8 パズル……

9 真っ白な紙……

10 天空の目……

※なお、この「命日占い」は学術的な蓄積の上に成り立つ占星術ではなく、占星術にヒントを得た占い師である著者自身の祈りを込めたオリジナルの物語であること。著者が普段故人鑑定で用いている、歴史的な海外／国内占星術の研究家、実践家の方との取り組みとはまた違ったアプローチであることをお断りしておきます。

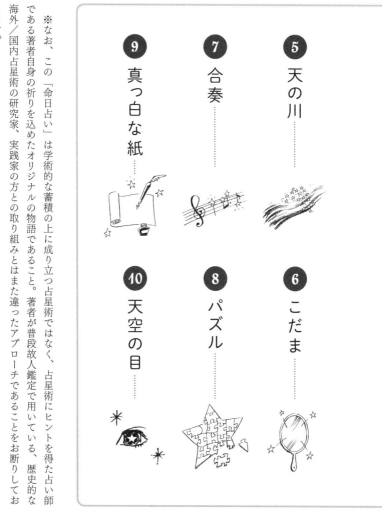

「命日占い」についての詳しくは、ぜひ1冊目をお読みいただけますと幸いです。その上で、先ほど紹介した「命日占いの10個の分類」についての大事なポイントをここでお伝えいたします。


本来「お別れの数」は、無限に存在します。

「命日占い」は、それらのお別れをたった10個に分類したもの。

ですから、この10個それぞれは故人との間にある物語の「半分」にも満たされません。

ただ、これらの物語を〝きっかけ〟として、続きの物語は未来へ向けて、残された人自身が描いてくだされば、こんなにも嬉しいことはありません。


実際、このあとに紹介していく10人の方々も、「命日占い」で導き出された物語を頼りに描きたい未来を紡ぎ出されました。

その方々の物語を通して、あなた自身の新しい物語の扉が開くことを願っております。

そして、「はじめに」でもお伝えしたように、「命日占い」は、無理に悲しさや大切な方を失った悲しみを乗り越えようと背中を押すものではありません。

私たちは「死」をあまりにも心の奥底にしまいこみ過ぎてしまいます。

そこで、生も死も人間にとって大切な節目であることを思い出すお手伝いが「命日占い」にできればと考えています。

この「命日占い」が、時間をかけてゆっくりと故人との絆を取り戻すきっかけになることをお祈りしております。

また、大切な故人との新しい関係性を築いていけますように。

「命日占い」の占い方

［星座早見表］

牡羊座	3月21日～4月19日
牡牛座	4月20日～5月20日
双子座	5月21日～6月21日
蟹座	6月22日～7月22日
獅子座	7月23日～8月22日
乙女座	8月23日～9月22日
天秤座	9月23日～10月23日
蠍座	10月24日～11月22日
射手座	11月23日～12月21日
山羊座	12月22日～1月19日
水瓶座	1月20日～2月18日
魚座	2月19日～3月20日

その年によって星座の変わり目が前後することがあります。星座の最初、もしくは最後の日の方で厳密に算出したい場合は、こちらのサイト（https://meinichiuranai.com/）にて故人との関係性を診断できますのでご活用ください。
診断サイトを利用できない場合は、星座早見表に該当する星座で診断してください。

ステップ1

まずはあなたの「誕生日星座」を右の表より確認してください。

あなたの誕生日の星座は

「　　　　」座

★

実例：オノ・ヨーコ氏の生年月日は、１９３３年2月18日。右の表から該当するところを確認すると「水瓶座」の最後の日となります。星座の最後の日（もしくは最初の日）の場合は、その年によっては隣接する星座である可能性もありますので、厳密に算出したい方は、診断サイトをご使用ください。

ステップ2

次に魂の関係性を知りたい故人の「命日星座」を右の表より、確認してください。

故人の命日の星座は「　　　　」座◆

実例：オノ・ヨーコ氏の亡くなった夫、ジョン・レノン氏の命日は１９８０年12月8日。右の表から該当するところを確認すると「射手座」となります。

ステップ3

左の表より★◆が交わるところを確認してください。交わったところに書かれたものが、あなたと故人の絆を読み解くテーマとなります。

私の誕生日の星座は［　　　　］座　★

故人の命日の星座は［　　　　］座　◆

実例：オノ・ヨーコ氏の誕生日星座「水瓶座」とジョン・レノン氏の命日星座「射手座」の関係は「未来列車」となります（横軸＝自分の誕生日星座、縦軸＝命日の星座）。

◆ 故人の「命日星座」◆

★あなたの「誕生星座」★

あなたの「誕生星座」＼故人の「命日星座」	牡羊座	牡牛座	双子座	蟹座	獅子座	乙女座	天秤座	蠍座	射手座	山羊座	水瓶座	魚座
牡羊座	一心同体	繋がる手	繋がる手	北極星	こだま	パズル	天空の目	パズル	こだま	北極星	繋がる手	繋がる手
牡牛座	未来列車	一心同体	繋がる手	繋がる手	天の川	こだま	パズル	天空の目	真っ白な紙	こだま	天の川	繋がる手
双子座	未来列車	未来列車	一心同体	繋がる手	繋がる手	北極星	合奏	真っ白な紙	天空の目	真っ白な紙	合奏	北極星
蟹座	天の川	未来列車	未来列車	一心同体	繋がる手	繋がる手	天の川	合奏	真っ白な紙	天空の目	真っ白な紙	合奏
獅子座	こだま	北極星	未来列車	未来列車	一心同体	繋がる手	繋がる手	北極星	こだま	真っ白な紙	天空の目	真っ白な紙
乙女座	パズル	こだま	天の川	未来列車	未来列車	一心同体	繋がる手	繋がる手	天の川	こだま	真っ白な紙	天空の目
天秤座	天空の目	パズル	合奏	北極星	未来列車	未来列車	一心同体	繋がる手	繋がる手	北極星	合奏	パズル
蠍座	パズル	天空の目	真っ白な紙	合奏	天の川	未来列車	未来列車	一心同体	繋がる手	繋がる手	天の川	合奏
射手座	こだま	真っ白な紙	天空の目	真っ白な紙	こだま	北極星	未来列車	未来列車	一心同体	繋がる手	繋がる手	北極星
山羊座	天の川	こだま	真っ白な紙	天空の目	真っ白な紙	こだま	天の川	未来列車	未来列車	一心同体	繋がる手	繋がる手
水瓶座	未来列車	北極星	合奏	真っ白な紙	天空の目	真っ白な紙	合奏	北極星	未来列車	未来列車	一心同体	繋がる手
魚座	未来列車	未来列車	天の川	合奏	真っ白な紙	天空の目	パズル	合奏	天の川	未来列車	未来列車	一心同体

一心同体 ❶

P031へ

あなたの幸せは私の幸せ

故人とあなたの存在は「一心同体」です。とても強い絆で結ばれた2人。生前よりも「なんだか身近に感じる」と思う方もいるほどです。あなたが自分に集中して生きるほどに、故人もシンクロするように喜びに溢れ、進化していきます。つまり「亡くなったあの人の分まで生きよう」ではなく、「私は自分で自分を幸せにしよう」という志がこの関係性の伝えたいメッセージです。

未来列車 ❷

P079へ

まだ見ぬ景色を見にいこう

故人とあなたは、兄弟や姉妹のように切磋琢磨しながら成長し合う関係性です。あなたの未来に対する純粋な好奇心がお互いを進化させます。何事においても故人はあなたが前進できるようにサポートしてくれています。そして、そのサポートを受けてあなたが前進すればするほど両者のエネルギーは大きくなるのです。

繋がる手 3

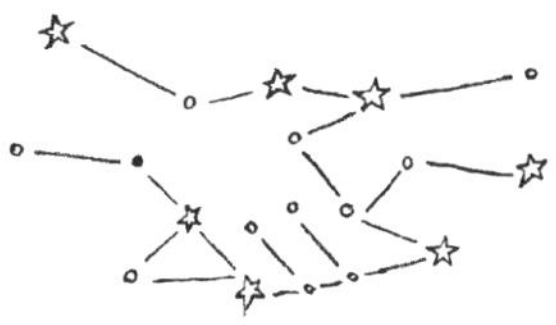

いつも助けが差し伸べられているよ

お別れの直後は「置いてけぼり感」があるかもしれませんが、故人とあなたは、親友のような関係です。「成長していくこと」でお互いが助け合います。この世にいるあなたにとっての課題は「いつでも差し伸べられている手があるよ！」という事実を学ぶこと。故人も、そんなあなたを見守りながら「手を取り合う素晴らしさ」を伝えるミッションに取り組んでいます。

P119へ

北極星 4

目的の場所で光を灯し続ける

お別れを機に、あなたが「人生において求めること」がシャープになったはず。それは故人がその目的や姿勢に対して「北極星」のような不動の光で照らし出してくれたからです。あなたの中に芽生えた情熱や使命感を故人と共に育んでいく、いわばお互いの舞台で「チャレンジャー」として進化を遂げていく2人です。

P151へ

天の川 5

P183へ

過去から目をそらさないで

「あなたの過去に間違いなんて1つもない。でも、過去の辛い思い出や悲しい記憶がもしあるなら、私に預けて欲しい」。故人はあなたにそんなメッセージを投げかけています。長い人生の中、なかなか次の一歩が踏み出せないこともあります。故人はあなたの未来への行動にブレーキをかける「過去の記憶」を解放しようとしてくれています。

こだま 6

P225へ

そのままのあなたで生きて

私たち人間は「こうじゃないと人として価値がない」と思い込んでいることがたくさんあります。その結果、誰かと比べて落ち込むことも多いでしょう。しかし、お別れを機にあなたは「〝このままの私〟でできることってたくさんあるんだ」ということに気づき始めます。そして、故人はあなたのその決意に対して、「勇気」というこだまを返してくれています。

合奏 7

P261へ

私たちはきれいなハーモニーを奏でる

お別れをきっかけに、本来の「心の感度」を閉ざしてしまうことがあります。しかし、故人は一旦閉ざした感情や感性を少しずつ開き、心震わせる体験をさせることで、あなたの「心の感度」を再度開かせようとしてくれています。あなたが自分の気持ちや感情を大切にするほど、故人の魂の調べと合わさって「合奏」となり、人生に新しいハーモニーを生むのです。

パズル 8

P297へ

問題を一緒に解決しよう

故人とのお別れは、一生解けない「パズル」のように思うかもしれません。しかし、故人とのお別れと向き合う中であなたは、他の誰よりもパズルを解く力があることを思い出していきます。「答えが分かった！」というより、まさにパズルのように「何かと何かがぴったり合う」ような体験をしていくことでしょう。そして「人生は喜びに溢れていること」に気づき始めます。

真っ白な紙 9

答え探しの旅に出よう

故人とのお別れを機にあなたに手渡されるのは「真っ白な紙」。何も書かれていない紙を埋め尽くすようにあなたは、「答え探し」の人生を歩みます。そして時間はかかるものの、その人生をいつか振り返った時、「答えなんて必要なかった！」と答えよりも大切なものを見つけるでしょう。そして、その道のりは故人のサポートに溢れていたことに気づきます。

P335へ

天空の目 10

私があなたのもう1つの目になろう

この世とあの世。違う場所にいる2人だけど、いつもお互いの姿を見つめ合っているような関係性です。
故人はあなたにとっての「もう1つの目」として、あなたをサポートしてくれます。もしあなたがいたら「私なんて大したことない人間だ」と落ち込んでいたら「あなたにしかできないこと」に気づくきっかけを届けてくれるでしょう。

P367へ

Chapter 1

一心同体

一心同体

自死を選んだ父が私に伝えたかったこと「本当は世界一、愛し愛されている」

鑑定するにあたって相談者と話したこと

30代の女性・まりさん。
27歳の時に、お父様が自死されたそうです。
まりさんのご両親は、彼女が18歳の時、お父様の「女性問題」を理由に離婚をされました。それまでの18年間は、「離婚」の2文字が嘘のように仲良し家族だったとか。色んなところに連れていってくれる自慢のお父様だったそうです。そんな大好きな人からの裏切り。

彼女の心の扉はバタリと音を立てて閉じてしまいました。

それ以来、お父様と会うことはほとんどなくなったそうです。

突然の連絡が舞い込んだのはそれから9年後のある日のこと。職場にいたまりさんに夫から連絡がありました。

「まり、落ち着いて聞いてね。お義父さんが自殺した」

彼女は、何度も何度も自分の耳を疑いました。

「なんでなん……?」

出てくるのは怒りと悲しみが入り混じった、行き場のない疑問、その一言だけ。

それと同時に、彼女を襲ったのは、虚無感と自責の念だったに違いありません。と言うのも、お父様が旅立つまでの9年間、彼女の中でずうっと「お父さんのこと、本当は大好き。でも、だからこそ許せない」という気持ちが、寄せては返す波のようにくり返されていたからです。

彼女はそんな鬱々とした気持ちを誰にも相談せず1人で抱え込みました。そして、答えの出ない迷路に迷い込んだ彼女は自律神経を患い、とうとう体調を崩してしまいました。

その後、彼女は持ち前のたくましさで、自分なりにこの悲しみと向き合い、果敢に魂を磨いていきます。

そんな彼女から私宛に連絡が届いたのは、お父様の自殺があって10年経ったある日のことでした。

彼女は重い口を開き、しかし、どこか私を気遣うような明るさとともに、両親が離婚した時のことを話し始めました。

*

相談者 私が高校3年生の時に親が離婚して、そこから、お母さんと弟の3人暮らしが始まりました。

かげした **当時のお気持ちをお聞かせいただけますか？**

相談者 多感な歳ですし、暮らしが一変してしまったこともあって、どうしても父親のことが許せないという気持ちが強かったですね。
大きくなってからも、毎週家族4人で映画を観に行くほど仲良し家族だったんです。それだけに、お父さんの「女性問題」で離婚するって聞いた時は「なんでなん！」って。

かげした **それはお辛かったでしょう。すごく仲の良い家族だったんですね。**

相談者 はい。だからこそ、残された家族の前で、私ははっきりと「お父さんのことが嫌い！」って宣言をしていましたし、母親も同じように嫌っていました。

かげした **安心しました。怒っている姿を家族には見せられていたんですね。**

相談者 そうですね。ありえない！　って感じで。

でも、離婚してからも父親とは地元が一緒だったので、たまたま会ってしまうんです。それが嫌で、嫌で。本人にも、「見たくないし、どっか行って！」と、結構、辛辣なことを言っていたと思います。

かげした **お父様も自分が招いたことだとは言え、お辛かったでしょうね。**

相談者 はい……。そんな関係性もあって、父親も気を遣ったのか、連絡がぱたりとなくなりました。

身辺に変化が起きたのは、それから2年後のことです。

20歳で結婚して、21歳で子供を産みました。

かげした **お父様にご報告はされたんですか？**

相談者 いえ、してません。正確に言うと、できませんでした。

自分が親になれば、少しはお父さんの気持ちが分かるのかなって。「許す理由」が見つかるのかなって、少し期待していた部分もあったのですが……。

親になって、余計に「なんでなん！　子供が一番でしょ！」って気持ちが強くなってしまって。

かげした　**そうでしたか。では、それからもずっとお父様とは会わず？**

相談者　たまたまばったりすれ違うことはありました。ですが、顔を突き合わせて会ってはいません。

ただ、実は父親が亡くなる前の年のお盆に一度だけ会っているんです。下の子が生まれて、ちょうど1歳になる直前に。

かげした　**どうして会おうと思ったのですか？**

相談者　父方の祖母がちょくちょく夢に出てきまして。たしか、初めて夢で見たのがお盆前でした。祖母は夢の中で、キレイな着物を着ていました。そんなこともあって、母親に「お墓参りに行ったほうが良いのかなあ」なんて話していたんです。

それから数日後のこと。また夢の中に祖母が出てきました。しかしその日の祖母は様子がおかしく、眉間に思いっきりシワを寄せて、何かに怒っているようなのです。ゾッとしました。それでお墓参りに行くことを決意して、父親を誘ったんです。それが父親と会った最後ですね。

かげした **4月に亡くなられて、その前のお盆ですから、本当に直前ですね。**

相談者 はい。今でも祖母が呼んだとしか……。

かげした **その時のお父様の様子はどうでしたか?**

相談者 自殺しそうな気配なんて微塵もなくて……。だから、自殺を知らされた時、周りの人たちは本当に驚いた様子でした。でも……。

かげした **でも?**

相談者 私はなんか、「やっぱり」っていう感覚があって。と言うのも、父が亡くなる前日に、〝ふと〟電話しようかなって思ったんです。

かげした **そう思うのは、普段からよくあることなんですか?**

相談者 ありません。だからこそ〝やっぱり〟って。
ただそう思ったのが夜10時くらいだったから、結局してはないんですけどね。
そしたら、次の日仕事をしていたら、夫から「父の自殺」の連絡が電話で入って。

かげした **その時、どんな気持ちだったか聞いてもいいですか。**

相談者 うーん、なんだろう、ショックな気持ちはもちろんですが、「色んな感情がぐるぐる」が正しいかな。不安定っていうか。

かげした **悲しみや怒りはもちろん、「やっぱり」って気持ちもあったわけですものね。**

相談者 はい。それで実家に運ばれた父の遺体を目の前に一言目に、無意識にこんな言葉を口にしていました。

かげした **なんと?**

相談者 「何で、あんたが?」と。

かげした　**もし、「何で、あんたが？」に続く言葉があったとしたらどんな言葉が続くか聞いてもいいですか。**

相談者　私自身、今ほど周りに両親が離婚している人もいなかったから、「死にたい」って思うことがあって。

それでも頑張って、なんとか頑張って生きてきたんです。

それなのに、「なんであんただけ死んでんの？」って、思いました。

周りからは「さよならくらい言ったら？」と言われましたが、怒りが湧いてきてそんな気には毛頭なれませんでした。

かげした　**そうでしたか。それは、苦しい思いをされたのですね。お父様が自死された理由について何か分かったことはありますか？**

相談者　鬱病を患っていたようなんです。

亡くなった後の処理で父の会社の人に会う機会がありました。色々生前の話を伺うと、どうやら父はとても寂しい思いをしていたようなんです。

それで母に、

「お父さん、鬱やったんちゃうんかな？　寂しかったんと違うんかな？」って聞いてみたんです。母は「そんなん知らんし」と言いながら、明らかに知っていたような素振りで。やっぱりなと思いました。

かげした　**お父様も苦しまれていたのですね。そのことが分かって、まりさんの中で何か変化はありましたか？**

相談者　そうですね。余計に誰にも言えなくなりました。その結果、父親のこと以外で悩んでも、いつの間にか父のことがよぎって、頭の中は父のことでいっぱいに。すっかり落ち込みやすくなって、気づくと心の落とし穴にシューッと入ってしまうようになりました。気づいたら泣いているなんて日もありました。精神的に病んでしまい、体調も崩して、お腹が空いているのかも分からなくなって……。

かげした　**結局、誰か他の人に相談するのに、どれくらいの時間がかかったのですか？**

相談者　父が亡くなって2年間は誰にも。

かげした　**何がきっかけで人に話そうと？**

相談者　たまたまバスケ部で仲の良かった子の親が亡くなって、部活に所属していたみんなでお葬式に行くことになりました。そうしたらその会場が父と同じ葬儀場で。

かげした　**それはびっくりですね。**

相談者　会場に着くまではなんとか平然を装っていましたが、それが保てたのも現地まで。いざ会場を目の前にすると、足は震えてくるし、顔色は悪くなるしで。

みんなが私のところに集まって、「大丈夫？　どうしたの？」とちょっとした騒ぎになってしまって。その時にようやく、正直に話せたんです。

かげした　**どうでした？　すっきりしました？**

相談者　はい。初めて家族以外の誰かに言えたことで、少し心がすっきりしました。

それ以来、塞ぎ込んでいてもダメだなと思って、変わろう！　と決心がつきました。

その辺りからです。人との出会いや日常が少しずつ変わっていったのは。

かげした　**「葛藤」から新しいものが生まれる瞬間ですね。**

他に変わったことはありますか？

相談者　あ、あと「死」ということについて、仏教などの観点から調べるようになりました。

興味があることを見つけると夢中になって調べる癖があって。

そんなこともあって、30歳の時に周りから「さとってきたね」って言われるようになって。

ただ当時、お恥ずかしながら「さとる」って言葉を知らなくて。

それで、インターネットで「さとる」って言葉を入力しました。そしたら、背筋がゾワーってして。

かげした　**え？　ゾワーっとしたのはなぜです？**

相談者　お父さんの名前「悟《さとる》」って言うんですよ。だから、「悟ってきた」と言われると、父がそばにいてくれるような気持ちになりました。それからですかね。完全にとまでは言わないですが、父をなんとなく受け入れることができて、母との関係性も変わってきたのは。

かげした　お母様との関係はどんなふうに変わったのですか？

相談者　仲が悪いわけではなかったのですが、やはり父のこととなると気軽には話せなくて。でも、父の名前の件があって以来、母に「（当時）こう思ったんだよね」と色々話すようになったんです。最初は、不機嫌になっていました。ですが、今では母も父には感謝していると言うようになって。毎日仏壇にお祈りもしています。

かげした　当時にしてみたら、まりさんにも、ご家族にもすごい変化が起きていますね。

相談者　はい。父のことがあってか、「死」に対する捉え方も変わって、自分の生き方が変わったような気がしています。

かげした　例えばどんなふうに捉え方が変わったか聞いてもいいですか？

相談者　先日、お義父さんが亡くなったんですね。その時に初めて身近な人の死に触れる自分の子供たちに対して、「人はいつか死ぬんだよ。つまりお別れが来るの。だから、大事な人がいるならその人との毎日を大事にすること。伝えたいことは伝えられるうちに伝えなきゃだからね」って、無意識に言っていたんです。

かげした　**死に対してまっすぐに見ることができるようになったんですね。**

相談者　はい、まさに。「死」を身近に捉えることで、「生」に光が差すと言うんですかね。

かげした　**うん。闇がないと光は存在できませんからね。**

相談者　そういう意味で、今は父に対して、新しい価値観を与えてくれてありがとうっていう気持ちがありますね。

かげした　**感謝の気持ちが持てるなんて、素敵なことですね。**
ではいよいよ鑑定に入る前に、今、お父様とお話できるとしたら、何を

聞いてみたいですか？

相談者　うーん、「なんで自分から幸せを手放したのかな」ってことを聞いてみたいですね。鬱になるってことは、それくらい家族を大事に思っていたし、自分の居場所だって思っていたってことですよね。それをわざわざ自分の都合で壊すようなことをなぜしたんだろうって。

かげした　**分かりました。そのことも含めて、命日占いの鑑定に入らせていただきます。**

話しづらいこともあったでしょう。そんな中、たくさんのお話を聞かせてくれてありがとうございました。

＊

お父様とのエピソードを話し終えたまりさんは、ひと呼吸をつくと立ち上がり、確かな足取りで家路につかれました。

たくさん辛いことがあった。たくさん悲しいことがあった。

そしてその過去は消えることはない。

だけど、悲しくて辛いだけだと思っていたその過去に対し、まりさんは目を背けずに向き合いました。

その結果、辛さの中にほんのりと父からの思いやりを、悲しさの中にほんのりと父への愛情を見出したのです。

まりさんが目を背けずに向き合った分、私も命日占い鑑定士として、まりさんとお父様に向き合おうと決意したのでした。

〈まりさんとお父様の「星の配置」〉

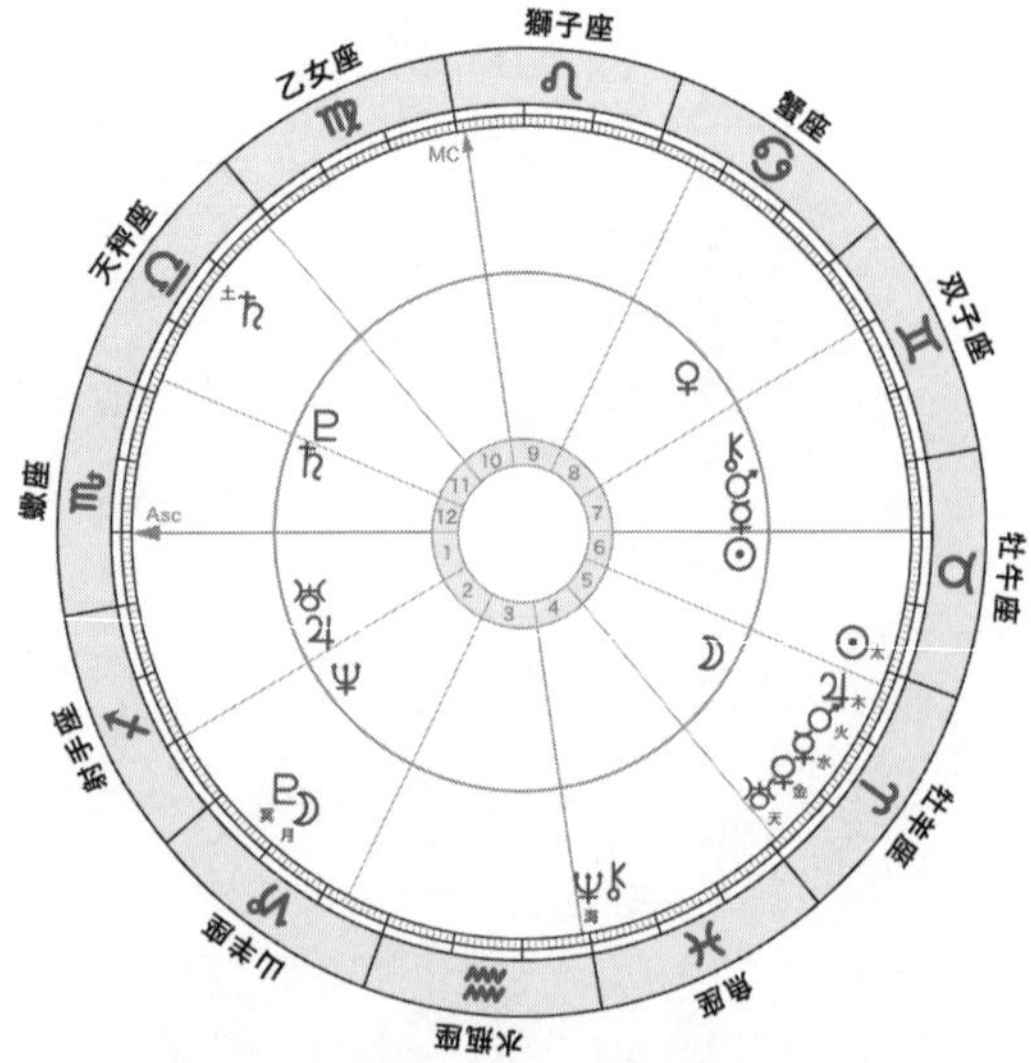

内側の円：ご本人の出生チャート（星の配置）

相談者にお伝えした鑑定結果

外側の円：故人の命日のチャート（星の配置）

<かげしたの星読みメモ>
牡牛座同士＝一心同体

・「N冥王星」と「DD土星（+N土星）」の固い絆：父親によって人生を大きく変容させられる要素
・「N金星/天王星」と「DD金星」の葛藤の三角形：「愛し愛されること」への葛藤＝突き放しと愛
・「N月」と「DD木星」の固い絆：故人からの守護、祝福
・NのICを捉える「DD海王星」：繊細な世界との繋がり、内なる世界への旅
・「N金星」－「DD太陽」の活動的な絆：愛を照らし出す関係
・父の命日＝本人のサターンリターン：一人前の大人になるタイミング

※N＝本人・DD＝命日の星。
※これらの解釈は西洋占星術のセオリーをヒントにした独自の表現であることをご了承ください。
※今回は占星術を詳細にお伝えするのは本書の趣旨ではないため割愛させていただきますが、実際に鑑定させていただいた印として、鑑定時に使用した、チャート図（右図）とメモを掲載させていただきます。

まりさんの誕生日星座とお父様の命日星座を読み解くと、２人の絆は牡牛座同士の「一心同体」。

この一心同体は、星座が同じなだけあって、とても強い絆で結ばれています。生前よりも亡くなってからのほうが「なんだか身近に感じる」と思う方もいるほどです。

残された人が自分に集中して生きるほどに、故人もシンクロするように喜びに溢れ、進化していきます。ともすれば「亡くなったあの人の分まで生きよう」となりがちですが、そうではなく「私は自分の人生を精一杯生きよう。自分を幸せにしよう」という志がこの関係性の伝えたいメッセージです。

まりさんもまさしく最初は、「どうして父はあんな死に方を選んだんだろう」と父の死にばかりフォーカスが当たっていました。

ところがいっぱい苦しんで、いっぱい悲しんだ先に、時間をたっぷりかけながらお父様と向き合われました。そんな中で、「父からもらったかけがえのないもの」を見出されたのです。

天国のお父様はそんな娘さんを見て、さぞかし安堵されていることでしょう。

まりさんに鑑定としてお渡ししたのは、天国にいらっしゃるお父様からのお手紙。星を通じて、お父様からのメッセージを紡がせていただきました。

メッセージを紡がせていただいている間、私自身も何度も心が震える瞬間がありました。なぜなら、2人の絆はやはりどこまでも強く、今もなお一心同体なのだと実感したからです。

次のページで紹介するのは、私から実際にまりさんへお渡しした天国のお父様からのお手紙です。

まりへ

本当にごめんよ。
なにからどうあやまればいいか分からないぐらいだけど……。
まりには、まず、あやまらないといけないね。

そして、今でも子供の頃のように
お父さんのことを大好きでいてくれて、嬉しいよ。
私を父親としてまりの心の中においてくれてありがとう。

こうしてまりに思い出してもらえる資格が私にあるのだろうか……？
こうしてまりと話をさせてもらう資格が私にあるのだろうか……？
ちょっと後ろめたい気持ちもあるんだよ。

なぜなら、私は自ら、幸せになることを諦めてしまった人間だから。

それは自ら命を絶ったから、というだけではなく、
私は生きている時、私を愛してくれる人たちのもとから、自ら去ってしまった。
実は後者のほうが後ろめたかったりするんだよ。

もちろんまりたちは何も悪くないよ。これっぽっちも。
全てお父さんの中に起こっていたことなんだ。
うまく話せるかどうか分からないけど、
ちょっとお父さんの話をしてみようと思う。

私はどうしても、どうしても幸せになることが怖かった。

幸せな日が続くほどに不安になった。

「幸せなんて長く続くわけがない。愛なんて儚いものだ」

私の中にある、そんな闇の声は日に日に大きくなってしまった。
そして、その声を現実にしてしまったのも私なんだ。
まりたちが喜びや幸せや愛を教えてくれていたというのに、
受け取らなかったのは私なんだ。

だから、まりは私のことを怒って当然だし、憎んで当然なんだよ。
もっともっと怒って、憎んで、一生許さなくていい。
家族のもとを去った後、そんなふうに思っていたこともあった。

まりが私の亡骸をみて言い放った一言も当然だと思うよ。

でも、今なら分かるんだ。

「もっともっと憎めばいい」

私はそんなふうにしか愛を表現できなかっただけなんだ。

「もっともっと憎めばいい」

そう思ったのは、「憎まれたかったから」なのかもしれない。

それさえも、まりからの愛だから。

でも、私が間違っていた。本当はもっともっと愛していることを伝えたかった。

そして愛されていることを感じたかった。

「もっともっと憎めばいい」

なんて、お父さんの自分勝手だよな。
本当に情けない父親だと思うよ。

本当はもっと愛したかったたし、愛していた。

「お父さんの娘でいてくれてありがとう」
もっともっとまっすぐに伝えるべきだった。

そうやってまりを真正面から愛せなくてごめんな。
まっすぐに愛することを難しくしてしまってごめんな。
幸せになる方法をお父さんの生き様や、
背中で伝えてやることができなくてごめんな。

まりはお父さんを超えていくんだよ。
色んな人を愛し、愛されて、まっすぐに愛を育んで、
これからも、どんどん幸せになるんだよ。

そして、今、それができているお前をどれだけ誇りに思うことか。

まり。本当にありがとう。本当に、本当にありがとう。
まりと「ありがとう」で繋がりを感じられること、
その喜びで今、お父さんはとても幸せです。
手紙の最後に、大切なことを伝えておかなきゃね。
まりがこれから長い人生を歩んでいく中で、ふと虚しさを感じたり、
人生がつまらなく思えるときが訪れるかもしれない。

これまでもあったかもしれないね。

でも、これからはその「感情」はお父さんのものかもしれない、って疑ってみてほしいんだ。

何が言いたいかというとね、その感情は、まりが私との繋がりを感じるために発生させているものだってことなんだ。

もうこれからはそんな虚しさを感じなくても大丈夫だよ。

私と繋がるためにわざわざ虚しくなる必要はないよ。

なぜなら、そんな思いをしなくても、私とまりはいつでも繋がっている。

私はまっすぐにまりを愛しているよ。

だから、大好きという気持ちでこれからもお互い繋がっていようね。

まり、たくさんお話させてくれてありがとう。
今でもまりと共に過ごした時間は、私の宝物だよ。
そして、今でもまりは私の宝物だよ。
まっすぐに愛しています。
安心して思いっきり幸せになりなさい。

父より

鑑定を終えて相談者と話したこと

お父様からのお手紙を渡してしばらくののち、私は再び彼女に会うことになりました。

＊

相談者　かげしたさん、先日は父からのお手紙ありがとうございました。

かげした　**とんでもないです。こちらこそ鑑定させてくれてありがとうございます。それで、その後、まりさんの中に何か変化はありました？**

相談者　父からの手紙を見て2日間くらいは、自分の感情が分からなかったです。涙は出るんですけど、何の涙なのか、よく分からないんです。嬉しいようで、悲しいし。悲しいようで、嬉しい。不思議な感覚で。そんなことでお返事を何もしていなくて、すみません。

かげした　**いえいえ全然大丈夫ですよ。今のお気分はどうですか？**

相談者　ようやく落ち着いてきました。自分のことを客観的に見れるようになったというのでしょうか。その中で、父と特に同じ思いのところがあって。

かげした　**どの部分でしょうか？**

相談者　「もっともっと憎めばいい」という部分です。逆に私は、「お父さん、私はこんなにあんたのこと憎んでるんやからな！　忘れんなよ！」と思っている節があって。
でもその感情ってただただ憎んでるってだけじゃないんですよね。

かげした　**憎しみだけじゃない？**

相談者　はい。冷静に考えると、その裏側には「だから、私のこと忘れんなよ！」って気持ちが隠れていたんです。

かげした　**「憎しみ」の裏側にはお父様への愛が隠れていたと。それを聞いて少し変かもしれないですけど、お父様はとても喜ばれてると思います。**

相談者　思い返してみると、お父さんっていつもふざけてて、陽気な人だったんです。最後に会った時も、いつも通りふざけた様子で、相変わらずだなあ、と思いましたし。その時は伝えられなかったけど、そのまま生きてくれたら、私はそれだけでいいって本当に思ってました。

かげした　色々ありながらも、失った悲しみは愛の証として持ちつつ、どこかでお父様のことをとっくに水に流しているまりさんもいたんですよね。やっぱり2人は「一心同体」だなって感じます。

物理的な距離ができたとしても、心と心はずっとそばにいたんですよね。お互いがお互いをずっと思い合ってた。

そして、それはお父様が旅立たれた今も。魂と魂は、「安心感」や「愛」でしっかりと繋がっていらっしゃる。まりさんがそうやって安心して思いっきり怒れるのは、その信頼関係のおかげだと思います。

相談者　はい。今振り返れば、すごく納得します。

かげした　生きているうちにまりさんがお父様の愛を受け取れなかったのは、気にする必要はないと思います。人間だから、タイミングっていうものがある。
受け取りたくない時だってありますよね。
大丈夫ですよ。大丈夫。今だってしっかりお父様とまりさんは繋がっているから。だから、今、たくさんの愛を受け取ったらいいんです。
その根拠が色々2人の星にも出ているので、そのお話をさせていただきますね。

相談者　はい。よろしくお願いします。

かげした　まず、特徴的なのは、まりさんの「冥王星」と、お父様の「土星」が重なり合っているところ。
冥王星には「根本的な変容」という意味があって、土星は「父親を象徴する」と占星術では言われます。だからこそ、まりさんの人生はお父様によって大きく変容させられると言ってもいいでしょう。

相談者　まさにですね（笑）。

かげした　また土星には「人生の寿命」という意味もあります。お父様によってまりさんは人生の生まれ変わりのような体験をされたんだと思います。「死」というものが、まりさんの魂にとって重要な課題だったのでしょう。あとは、2人の星の重ね合わせを見ていくと、「金星が効いている」のが見てとれます。

相談者　金星が効いてる?

かげした　はい。金星が表すのは「愛と喜び」「愛おしさ」です。まりさんの「生まれた時」の金星と、お父様の「命日」の時の金星が、葛藤の関係性を持っています。金星というのは「結びつこう！　結びつこう！」とする愛そのものの星です。

そして、そこに「自立」「離れる」というキーワードを持つ天王星も関わっています。

つまり「繋がりたい、でも突き放してしまう」というもどかしさが、お

2人の間に出てまして。なんだか愛し愛されることへの葛藤が見てとれるんです。

金星と天王星の組み合わせは、近づきたいけど近づけないっていう関係性を意味してるんですよね。「不器用な愛」と言ってもいいと思います。

相談者　だからこそ……私たちの間に「距離」が生まれたわけですか。

かげした　はい。突き放すまではいかないんですけどね。

「私は私で生きる」っていうニュアンスが近いと思います。でも、心の奥底では繋がっていたい。その対になる気持ちが同居している不思議な状態。

相談者　なるほど。私たちは、まさにそうせざるを得ない状況になりました。

かげした　言い方は悪いかもしれませんが、星を見ると、お父様が突き放したのは、星の通りなのかなと思います。葛藤もありながら、一度離れた。だけど、「もう一度金星の力をもって、愛で繋がろう」とお父様はおっしゃりたいのかなと。

本当はそのことをまっすぐ、そして直接まりさんに伝えたかったのでしょう。

だけど、そうしないのもお父様らしさですよね。離れてみないと学べない愛もあります。お父様はそれを人生で学ぼうとされたのかなと。

相談者　……お父さんらしいです。

かげしたそしてもう1つ、まりさんの生まれた時の「金星」と、お父様の命日の「太陽」が、活発な関係性（60度）であることにも注目です。

これはもうストレートなメッセージになります。

「お互いに愛で魂を照らし出したい」。

60度ってすごく活発な角度です。その活動によって、まりさんの愛である金星を、お父様が今も照らし輝かせている。そして、まりさんがお父様の魂を金星で温めているって感じなんです。

そう。今でも、お2人の愛のやり取りは活発なんです。お互いが、お互いの愛に気づき続けている！　そうやってやり取りをし続けられるのは、両者が、2人の間に「愛がある」って信頼してるからなんですよね。

そのことを表現したくて、あのお手紙になったのです。

相談者　ありがとうございました。その愛がしっかり受け取れました。

かげした　ただ、お父様自身の中に「自分がしゃしゃり出てもいいのだろうか?」みたいな葛藤が感じられて。まりさんはもう1人で立派に生きていらっしゃるから。

だからこそ、まりさんなりに葛藤しながらも、まっすぐに愛に生きていらっしゃる様子を空から見て、すごく安心されていると思います。

それは、まりさんの心を表す「月」に対して、お父様の「木星」が重なっていることからも分かります。

木星には「守護」という意味があるんです。お父様からしたら、「遅くなってごめんね。ようやく、真っ正面から愛を注げる」といった感じなんだと思います。

相談者　それが本当なら嬉しいです。

かげした　まりさんもお父様も、魂レベルでは愛を通い合わせていた。なので、すごく変な言い方ですけど、私には幸せなお父様に見えました。まりさんがこうして「命日占い」によってお父様と繋がってくれたことはもちろん、お父様に対してまりさんが怒りの感情を抱いていることすら、お父様にとっては繋がりに感じていたようです。お父様にとっては「感情を向けてくれている」という、すごい愛情なのです。マザーテレサの言葉でしたっけ。愛情の裏返しは、憎しみじゃなくて無関心なんですよね。無関心が一番辛い。不器用だけどなんかあったかいですね。まりさん。これからもお父様は愛を送り続け、いかなる時もまりさんを祝福されるでしょう。

相談者　嬉しいです。なんか、熱いものが胸の奥まで伝わってきます。親子って不思議ですね。近くにいたり、繋がりが切れるわけがないのに、そのくせ素直になれない。

かげした　もどかしいですよね。伝わっているはずって思うのは自意識過剰で、言わなきゃ分からないこともありますよね。
それに親子だからこそ、言わなくても分かるでしょ？　って部分に頼ってしまうところもあるかもしれないですね。お2人の場合は、小さい頃に信頼関係をしっかり築いていらっしゃったから、特に甘える部分があったのかもしれないですね。

相談者　はい。そのこともあって父に教えてもらうかのように、自分の子供には、日々伝えたいことをちゃんと伝えています。これはこれで父からの愛ですよね。伝える怖さは不思議とないです。

かげした　うん、うん。基本的には、お父様のことが大好きなんですよね。だからお父様の後をついて行こうとするんです。感情も含めて。
手紙にあった「絶望感や虚しさはお父様のもの」っていうのは、そういう意味でお伝えさせていただきました。

相談者 ああ。だからですね。なぜか子供に対して、「自分が自殺してこの子たちを置いていったらどうしよう」みたいな恐怖がずっとあったんです。自殺したいわけじゃないのに、そこに囚われる感覚があって。

かげした **まさにです。一心同体だから苦しいんですよね。切り離すって言ったら変ですけど、「自分は置いていかない！」「父親と同じ選択はしない！」って、必死に抵抗されてこられた。一方で、切り離そうとするほど、繋がりまで切れてしまうような気がする。葛藤があったでしょう。そして、今はそれを乗り越えられた。だからすごいなと思います。ある意味、無意識的にお父様と同じ選択をすることがお父様への精一杯の愛情表現だということになっていたのです。でも、そうじゃなくても愛で繋がれるって境地に至ったわけですね。**

相談者 2年間はだいぶ葛藤しました。そしてそのモヤモヤは誰にも相談できなかったです。体調が悪くなることもありました。ところが、ある時からです。「時間ぐすり」って言うんですかね。お父さんのことを受け入れられる瞬間があって。そしたら、父のことだけでなく、どんなことも不思議と受け入れられるようになったんです。

かげした　**大変なことに向き合ったからでしょうね。大変であればあるほど、そのことに向き合うと、人は強くなります。**

相談者　そうですね。受け入れて以降、人の話を聞く時も、心持ちが変わりました。「この人は今頑張ったら、その未来に必ず光が差す！」。そう思って、人と向き合うようになったんです。
「ワクワクする」と言うと語弊があるんですけど、人の悩みを聞きながら、その人の可能性を信じている自分がいて。

かげした　**全てを自分の生きる糧に転化してこられた。本当に素晴らしい！　その部分を自分で労ってあげてください。誇りに思ってください。お父様に威張ってもいいと思います（笑）。「私は、ここまで来たぞ！」って。感謝とともに、自慢してください。案外、その自慢げな顔がお父様にとっては幸せなんです。**

これからまりさんは、人を受け入れる力や、愛し愛する力がもっともっと開花していくと思います。実は占星術的に見れば、まりさんの冥王星や土星が効いてくるのは、もう少し歳を重ねてからってこともありますしね。

相談者　ありがとうございます。これからが楽しみです。

かげした　まりさんは今、30代後半でしたよね。もう少し先の話になりますが、土星期（50代後半から70歳ぐらいまでの期間）からガラッと人生変わるんじゃないかなと私は思います。もちろん良い意味でです。

「私は私の道を行くわ」みたいな。もう一段階、ブレイクスルーしていきますね。

相談者　あ、その雰囲気、すでにあるんですよ。

かげした　そうですか。なるほど！　お父様の旅立たれた年に訪れたまりさんのサターンリターン（出生の土星とその年の土星が重なる時期）は一人前の大人になる儀式のようなものですが、そこから大いなる変容の物語は続いていたのですね。そして今も。
人生はそうやって、ガラッと変えられるんですね。
お父様のことがあって、これまではさんざん人生の筋トレのようなことを体験してこられた。

相談者　うん。変な話ですけど、今は全部ありがたいと思えます。

かげした　そうやってはっきり言えてしまうのはすごいことです。

相談者　そうですね。たぶん、「今の私」が好きって言えるからだと思います。

かげした　素晴らしい！　もう一回り、二回りは、お父様を超越するでしょう。もう一皮、二皮むけて、進化されると思います。
実は「命日占い」の本当の役目は、故人からのメッセージを伝えることでも、死の意味を捉えることでもないと思っていて。

相談者　では、何が目的なのですか？

かげした　誤解を解くことですかね。
私の中では、命日占いによって「死」と向き合うことで、故人との間にある誤解や愛のもつれを解くことができたら、これ以上に嬉しいことはないです。ちゃんと愛されていたんだ！ってことに気づいてもらうっていうことですね。

相談者　はい。今回、まさにその連続でした。

かげした　ぜひその調子でお父様と愛を育み、その愛を燃料にして、まりさん自身の人生を輝かせてもらえたらと思います。

（玄関からチャイムの音が鳴る）

かげした　ちょうど良いタイミングで玄関のチャイム。そろそろ時間ですよってお知らせですかね。貴重な話をたくさん聞かせていただき、ありがとうございました。

相談者　こちらこそです。ありがとうございました。

＊

一度目は「離婚」。二度目は「自ら選んだ死」。

大好きだったお父様と二度の「別れ」を経験したまりさん。

快活な印象のあるまりさんですが、懸命にその辛い体験を乗り越えてこられました。

今回はすでにご自身の中では、辛さを乗り越え、お父様に対する愛を思い出すプロセスの中にいらっしゃいました。

ただ生きている時に、もっと伝えれば良かった、愛を伝えれば良かった。

そうおっしゃっていました。

……それは天国のお父様も同じです。

ですから、今回の「命日占い」は、お父様とまりさんの間に今もなおしっかりと根ざす「深い愛」について確認作業をさせていただいたようなものだと捉えています。

そして、なにより、これまでの彼女の頑張りを労うためでもあります。

生前、お父様は「寂しさや虚しさ」を抱えていらっしゃる方でした。

まりさんは「お父さんが自ら死を選んだ原因はそれだったかもしれない……」と、感受していらっしゃいました。

まさに「一心同体」。

どこかお父様の気持ちが理解できた子供だったとおっしゃいます。

子供にとって、親と同じような選択をすること、また親の感情をそのまま感じることも愛情表現です。

だからこそ「私はお父さんみたいに子供を置き去りにはしない！（自死はしない）」と一生懸命〝言い聞かせ〟、頑張ってこられたのでしょう。

深層心理の中ではそういう葛藤が起こっていたようです。

それを自力でほどいてこられました。並大抵の努力ではなかったでしょう。

セッションの最後に、まりさん自身の口でこのように心の内側を言葉にしていただきました。

「当時、私はお父さんと同じ寂しさや虚しさを感じることで、お父さんとの繋がりを持とうとしていたけど、もうそれはやめるね。お父さんとは愛や感謝で繋がれるのだもの！」

そして、

「お父さんの運命は受け入れるけど、私はここにとどまって幸せになるね！」

本当は愛し愛されている。お父様とのお別れ後、毎日が愛に気づく日々なのだと思います。

Chapter

2

未来列車

未来列車

若くして突然、事故で亡くなった弟の思い「今度はオレが天国から守るから」

鑑定するにあたって相談者と話したこと

事故が原因で亡くなること。
それは、故人と残された人の時間を強制終了するもの。
いつものようにバイバイと手を振って、それが永遠のお別れになるだなんて。
「これから向かうね！」と、数十分後に会う約束をしていたはずなのに……。

こんなふうに本当にたくさんの方が悲しい思いをされています。


今回の相談者もその1人。

それはさゆりさん（仮名）の弟さんが20歳を過ぎて間もない時でした。

仕事の現場での事故により若い命を落とされました。

6歳離れており、昔からかわいがってきた弟。

16年経った今もなお、さゆりさんの胸の奥でふつふつとうごめくのは、弟さんの事故現場の会社への怒りです。

「なぜ、弟がこんなにも早く逝かなくてはならなかったのか？」

その原因が分からない分、さゆりさんの心はずっと居場所をなくして漂っていたようです。


旅立った後、弟さんの部屋に残されたプレゼント用に包装された「ピンクパールのネックレス」。

結局、そのネックレスを誰にあげるつもりだったのか分からないまま。そして、まるでネックレスのように置いてけぼりになったような寂しさがさゆりさんの胸を締めつけるのでした。

*

相談者　私、弟にとって母親の役目も果たしていたんです。
父が自営業で、母もそのお手伝いで忙しくて。

かげした　それだけに、弟さんと一緒にいる時間も長かったんですね。

相談者　はい。だからこその絆っていうのもありました。

かげした　そんな大切な弟さんを事故で。お辛い経験でしたね。
私がさゆりさんにお話を伺おうとしたのには実は理由があるんです。
それは弟さんの死に対して、「怒りの感情」を持っていらっしゃったことにあります。
これは、私の経験と被るところもありまして……。

私も幼い頃、従姉妹を火事で亡くしているんですね。従姉妹はピアノの先生のお宅でピアノの練習をしている最中でした。

相談者　それがどのように怒りに繋がるのですか？

かげした　火事が起こった時、ピアノの先生が従姉妹を置いて逃げたんです。

相談者　えええええー！　ひどい！　意味が分からないですね……。

かげした　それが原因で、後に裁判にもなりました。殺すつもりがなかったにせよ、叔母としてもやはりそれを簡単に許すことはできなかったのでしょう。怒りをどこに持っていけばいいのか分からない状態だったかと思います。もちろん幼いながらに、私も同じように感情の出口が見つかりませんでした。

だからこそ、さゆりさんには勝手にシンパシーを感じるところがあるんです。同じ体験、感情ではないにせよ……。話がそれちゃいましたね。さてつづきを聞かせてください。

相談者　うちの弟は、姉の立場でいうのもなんですけど、割と評判のいい弟だったんです。

やんちゃなんですけど、憎めないところがあるっていうか。

人望もあって、友達も多かったし。

亡くなった時に、みなさん口を揃えて「徳の高い子やったから、すぐに生まれ変わるよ」とか、「きっと今度はいい家庭に生まれてくるよ」と言ってくださって。今年、17回忌なんですよ。

かげした　事故のこと、少しだけ伺ってもいいですか？

相談者　亡くなるちょっと前に父親が急な病気で入院していたんですよ。

1ヶ月絶食の状態で、みるみる痩せこけていって。

弟はその時、父親の高所での仕事を手伝っていたんですが、「自分が支えなきゃ」と言わんばかりに、初めて仕事を取ってきたんです。

かげした　お父さんをなんとかして、助けたかったんですね。

相談者　はい。なのに、まさかその初めて自分で取った仕事の現場で、命を落とすとは……。

かげした　**それは無念だったでしょうね。**

相談者　そうですね。私も何もしてあげられなかったことが心残りで。

かげした　**それで、今でもその事故現場の会社に怒りがあるというわけですね？**

相談者　屋根工事って高いところに登りますよね。弟が取ってきた仕事の現場は古い会社でありながら大きくて、いつもよりさらに高い場所でした。その仕事は、下請けの下請け……いわゆる孫請けみたいなものでした。今でもモヤモヤするのは、その現場で死亡事故が立て続けに起こっていたことなんです。弟の前に1件。弟の後に1件。

かげした　**それはどう考えても、安全面に問題があったとしか……。**

相談者　そうなんです。でも、納得のいく形で調査されずに、結局「事故死」として弟の死は片付けられました。
だから、余計に抜けた穴が大きくって。

かげした　**さゆりさんたち遺族からすると、「逃げた」ように感じたわけですね。**

相談者　はい。地元の会社だからこそ、余計に腹が立ちました。

でも、対会社となると、個人はやはり弱く……。

かげした **うやむやのような状態になったわけですね。それはやりきれないですね。そんな気持ちを17年も持ち続けてこられたわけですか。**

相談者 今、振り返ったらあっという間ですけどね。でも、当時は本当に苦しかったです。

かげした **ところで、部屋にあったピンクのパールのネックレスは、これは結局誰のものか分からずじまいですか？**

相談者 はい、分かりませんでした。無造作に机の引き出しに突っ込んである感じで。亡くなってから知ったんですけど、弟って結構モテていたらしいんですよ。

かげした **弟さんからしたら、恋愛もこれからだし、お仕事も初めて取ってきたタイミングだったし、これからのことだらけで、悔しかったでしょうね。**

相談者 はい。本当に無念です。

かげした **あと、メールでは弟さんは生前、「姉ちゃんには勝てない」とおっしゃっ**

ていたらしいのですが。

相談者　私たちの父が、昭和団塊世代のTHE・ワンマンな人でした。言い出したら聞かないし、人の話も聞かない。俺が一番みたいな。正直、高圧的なところもありまして。そういうのから、弟や妹を守らなきゃ！　と私は強くなったんです（笑）。きょうだいの中で、父親と唯一対等に物を言えるのが私でした。弟も父親の跡を継ごうとして、やはり父親と対等になりたかったんだと思います。それで生前、「姉ちゃんには勝てない」と言っていたのかなと。

かげした　弟さんなりの目標が、さゆりさんだったわけですね。

相談者　でも知ってほしかったのは、「私はあんたらを守るために強くなったんやで」ってことです。

かげした　なるほど、もともと強かったわけではないということを。弟さんはそのことを知らずに旅立たれたわけですね。

相談者　本当に性格が真逆なきょうだいでしたね。弟は生前から人気者で、十数年経った今でも、弟の友人たちが集まるたびに話題に出してくれているらしいんです。生前の武勇伝なんかも、話題に上がるらしくて（笑）。

かげした **武勇伝（笑）。**

相談者 天に旅立ってもなお、人気者なのがすごいなと。一方私は、人間関係においては、積極的ではないんです。「弟は楽しそうやな〜」ってずっと、端から見ていました。

かげした **弟さんって、誕生日いつですか？**

相談者 12月X日です。

かげした **射手座ですね。どうりで！ 矢のように飛んでいく元気さがありますからね、射手座には。前向きで、オープンで、寛大ってイメージです。**

相談者 弟はそのままの通りです。細かいことは気にしないし。

かげした **射手座の方は、エネルギーが大きくて明るいので、急にその方がいなくなったとなると、それはもうぽかーんと穴が空いてしまう感じ、非常に分かります。**

相談者　体もすごい大きかったから。プロレスラーみたいで。身体的にも存在感は大きかったです。

かげした　**そんなに大きかったのに、「姉ちゃんには勝てない」とおっしゃってたんですね。**

相談者　心は少年だったので。ナイーブですし。

かげした　**故人との思い出のところに、「弟はいつも誕生日プレゼントを用意してくれていた」とありましたね。本当に仲が良かったんですね。**

相談者　友達には、「あんな楽しい弟がいたら、彼氏いらないね」なんて言われることもあって。

かげした　**微笑ましい！　それで言うと、弟さんが旅立ってから不思議なことが起こったとか？**

相談者　はい。私の誕生日が、実は弟の命日とすごく近くて。

かげした　**じゃあ、誕生日が来るたびに弟さんを思い出しちゃうわけですね。**

相談者　はい。その年の誕生日も、私を元気づけるためか、友達にバンドのライブに連れられました。そのアーティストさんが、ギターを弾くピックを観客席に向かって投げたんですね。私の頭上をピューンと飛んでいって。「取れなかったねー」と友人と話しながら帰ったんですけど……。

かげした　まさか？

相談者　はい。着替えようと思ったら、服の中からぽろっと出てきて。それで思い返してみると、ピックが飛んでいった高さがちょうど大柄な弟が手を伸ばしたくらいだったなあと。

かげした　毎年恒例の「弟さんからの誕生日プレゼント」だったかもしれませんね。そうそう。私がさせていただく「命日占い」って、生きていらっしゃる、さゆりさんの「現在の課題」だとか、「未来への希望」を浮き彫りにします。

その点でさゆりさんは、「自己表現」が課題だと感じていらっしゃるとか？

相談者　自己肯定感が低くて、何かやりたいことがあってもすぐに諦めてしまうんです。夢は、才能はなさげですが、音楽活動で自己表現することです。

かげした　**それで弟さんはピックを送ってくれたんでしょうか。今は、何か音楽活動されているんですか？**

相談者　今は特に何も。バンドを組んでみても、コミュニケーションをどうとっていいか分からず、結局すぐにダメになっちゃうんです。だから、いつまで経っても万年初心者で。ただ本音では、みんなで楽しいことをするのが好きなので、何かできたらなってずっと思っているんです。

かげした　**私はさゆりさんのお話を聞きながら、逆に表現豊かな方だなあなんて見ていましたが、自分では分からないものなのかもしれないですね。表現力、あると思いますよ。他には何かありますか？**

相談者　今、経済的に父親に頼っているため、自立して自分の力で生活していきたいというのがあります。あと、私まだ独身なので、結婚もしてみたいですね。

かげした　**それはいいですね。結婚したら、弟さんも空の上で喜びそうですね。**

相談者　多分、バンドもそうだし、結婚もそうなのですが、根底の願いは「気の合う仲間が欲しい」ってことなんだと思います。会社では仕事面してしまうから、あんまり同僚と仲良くなったことがないんです。自分らしくいられる人間関係ができたらいいなと思います。

かげした　**（さゆりさんの生まれた時の星のチャートを見ながら）さゆりさんなら、できますよ！**

相談者　あと、最近、人生の変わり目が来たのかなという実感がすごくて。

かげした　**それはどうして？**

相談者　今は父と実家に住んでいるのですが、家の契約のこともあるし、そろそろ独立かなと。

かげした　**そのタイミングで実家を出て行けたらと？**

相談者　はい。それこそそのタイミングで結婚できたらなと。

それに加えて、少し怪しい話なのですが……。２０１９年の暮れに、「何かが終わった感」がすごくありまして。

かげした　そういう「区切り」のタイミングが来てるのかもしれませんね。今回の「命日占い」もその節目において、何かヒントになったら嬉しいです。

＊

一通り、弟さんのことについて話し終えたさゆりさんは、

「弟の死の経験が、他の誰かの力になれたら嬉しい」とおっしゃっていました。

自分の経験してきたことを、自分だけで終わらせず、誰かに還元したい。

そんな優しくて懐の深いところが、非常にさゆりさんのお人柄を表しているように感じました。

そして、さゆりさんがそんな行動に出ようとするのは、全て弟さんが空から送る愛に他ならないと感じずにはいられませんでした。

〈さゆりさんと弟さんの「星の配置」〉

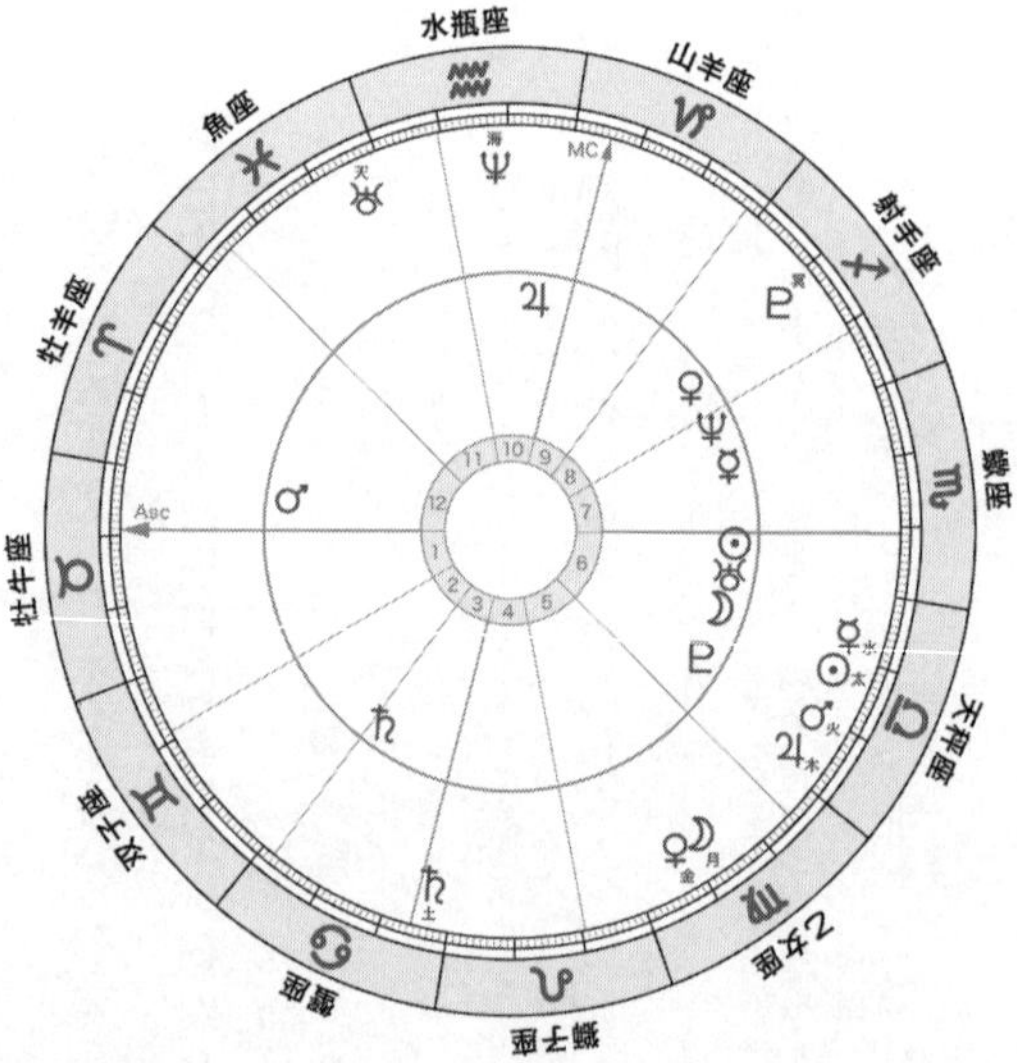

内側の円：ご本人の出生チャート（星の配置）
外側の円：故人の命日のチャート（星の配置）

<かげしたの星読みメモ>
誕生日星座：蠍座ー命日星座：天秤座
＝未来列車（姉弟らしい絆）

・「N月/天王星」と「DD水星」の固い絆：お姉ちゃんの思いを汲みたい
・N ICをとらえる「DDの土星」：根幹を揺るがす別れ→人生へのコミット→2020年中に経過中の土星はMCに達する＝自分の人生を生きるための決意
・「N金星」と「DD冥王星」の固い絆：愛するものを大きな力に奪われた
・「N月」と「DD冥王星」の活動的な絆：崩れる安心感、目覚めるたくましさ
・「N木星」と「DD木星」が創造的な絆：可能性を広げてくれる
・「N火星/12ハウス」と「N金星/８ハウス」：魂と世界との繋がりを得やすい
・命日＝本人のサターンリターン：人生の大きな課題

※N＝本人・DD＝命日の星。
※これらの解釈は西洋占星術のセオリーをヒントにした独自の表現であることをご了承ください。
※今回は占星術を詳細にお伝えするのは本書の趣旨ではないため割愛させていただきますが、実際に鑑定させていただいた印として、鑑定時に使用した、チャート図（右図）とメモを掲載させていただきます。

さゆりさんの誕生日星座と弟さんの命日星座を読み解くと、2人の絆は「未来列車」。

この未来列車は、兄弟や姉妹のように切磋琢磨しながら成長し合う関係性です。残された人の未来に対する純粋な好奇心がお互いを進化させます。何事においても故人は残された人が前進できるようサポートしてくれています。そして、そのサポートを受けて残された人が前進すればするほど両者のエネルギーは大きくなるのです。

さて今回は、ストレートに弟さんからお姉ちゃんへのメッセージとして、星を介してメッセージを紡がせていただきました。メッセージを紡がせていただいている間、私もとても貴重な感覚を味わわせていただきました。

弟さんがいつもお姉様の身近にいて、幸せを祈りながら、温かく見守っている光景が見えたのです。

その感覚を少しでもさゆりさんにお伝えできればと手紙を紡ぎました。

次のページで紹介するのは、私から実際にさゆりさんへお渡しした天国の弟さんからのお手紙です。

姉ちゃんへ

姉ちゃん。久しぶり。
……って言っても、いつも見てるよ。
いつも、そばにおるよ。

姉ちゃんが飾ってくれている写真と同じ顔で、いつもおるで（笑）。
相変わらずやから、心配せんとってな。

何から話したらええのか分からんけど、ほんま心配掛けてごめんな。
って言っても、オレも何がなんだか分からないうちに、こうなってしまって……。

寂しい思いとか、腹立たしい思いさせたな。ごめんな。

もちろん、こんなつもりはなかってんけど、こうなってしまってごめんな。

オレもくやしい。
これから姉ちゃん孝行できるなあ〜って思ってた矢先のことやったから。

でも。大丈夫やから。
ほんで、ありがとな。いつもオレのこと思い出してくれて。
そして、みんなとワイワイ、オレの話をしてくれて嬉しい。

姉ちゃんが姉ちゃんらしく笑って暮らせるように生きて力になりたかったけど、
できなくてごめんな。
ほんまごめんな。

なんにも姉ちゃん孝行できなくて、ほんまごめん。

でも。今も姉ちゃんの笑っているところを見るのがハッピーやわ。
もちろん、泣きたい時は泣いてええんやで。

生きてる時、「姉ちゃんは強い、かなわん」ってよく言ってたけど
空気読んで、「強い自分」でいてくれたんよな。知ってたで。
ありがとな。

オレ、頼んないところあったし、
姉ちゃんのそういう所にいつも甘えとったなあって。

オレが天に旅立ってから、もうすぐ16年が経つな。

これまでの16年間。
そしてこれからの姉ちゃんの人生。
色合い変わっていくで。

オレは人生短かったかもしれんけど、姉ちゃんは、これから長いで。
楽しいこともあるやろし、まだ出会ってない人もたくさんおる。
たくさんの新しいことが待ってる。
だからほんま、オレも楽しみにしてる。
オレが一番に姉ちゃんのことを笑顔にしたかったけど。
姉ちゃんのこと笑顔にしてくれる人は他にもおる。

心踊ることもたくさんあるし、

やりがいを感じる仕事も、これから出会うかもしれん。
たくさん感動して、たくさん楽しんで、オレにその景色見せてや。

弟のオレが偉そうかもしれんけど、姉ちゃんは、まだ一皮も二皮も剥ける。

まだまだ本領発揮してへんかもな。
心の底から関われる人。
心の奥底にある気持ちを伝えられるような関わりができるようになるで。

やりたいことも、もっともっとやっていいと思うで。

世の中は姉ちゃんが思っているより、ずっとずっと優しいから大丈夫や！

姉ちゃんが信頼する人にもっと弱みをちゃ〜んと見せられるようになるよう、

オレ、色々サポートしているからね。

そして、オレが天に旅立った日と姉ちゃんの誕生日が近いせいで色々、切ない思いさせてるよな……。

だから、オレは姉ちゃんの誕生日が来るたびに、

姉ちゃんがもっと自分らしく楽ちんに生きていけるように天から祈ってる。

年取るほどに自分らしく、力抜いて生きられるようにな。

あ、ほんでな。オレが残したパールのネックレス。

もしまだ残してくれているんやったら、あれ、姉ちゃんもらってくれるか？

姉ちゃんが持っててくれたら嬉しい。

大丈夫やから。いきなりのことで、姉ちゃんも悔しかったよな。
オレも悔しかった。
でも、今は誰も恨んでないで。大丈夫。
それよりも……、
そばにいて恩返しできなくて、ごめんな。

子供の時、小さいオレを守ってくれて、ありがとうな。忘れてへんで。
だから、今度はオレが天からやけど、姉ちゃんのこと見守っているからな。
大丈夫やから。安心してな。

もうすぐお誕生日やな。おめでとう！
楽しく過ごしてな！
ほんとありがとう。

天国でも相変わらずやんちゃしてる弟より

鑑定を終えて相談者と話したこと

生前と変わらず、本当に弟さんはお姉さんが喜ぶ顔が大好きな優しい人でした。

この手紙が完成したのは、まもなくさゆりさん自身の誕生日がやってこようとするある日のこと。それはつまり、弟さんの命日でもありました。

この時期に鑑定をさせていただいたのも、深いご縁を感じます。

＊

かげした　**弟さんとの絆が「未来列車」だったわけですが。お手紙を紡がせていただいて、「姉ちゃん、今のままで留まっていたらあかんで」というメッセージをひしひしと受けました。**

相談者　親に構いすぎるところがあるというか、「自分よりも他人」みたいな生き方は確かに染みついているかもしれません。もしこのまま生きて、親が亡くなったら……。きっと私1人取り残された気分になるだろうなと、そんな不安がずっとあったんですよね。

だから、変わりたいって気持ちはずっとありました。

かげした　**良いと思います。弟さんの言葉も聞きながら、今すごくそういう節目だと思いましたよ。2人の星の関係性を見ていても、「姉ちゃん、もう1回青春をしいや」みたいに言っているように思いました。**

さゆりさんの「金星」っていう思春期を表すところに、弟さんの命日の「冥王星」が被っているんですね。このことから、思春期の価値観をガラッと変えようとしている。

相談者　すごくしっくりきます。思春期って、私あんまり良い思い出がなくて。

かげした　**星を見る限り、色んな「重責」を担っていた感じがするんですよね。**

相談者　そうなんですよ。本当に、なんか、小学校・中学校ってあんま楽しくなかったな。

かげした　大丈夫。青春って何度でもやり直せるから。年齢は関係ない。

もともと、さゆりさんの星は、色々受け取れる人。自分からガツガツ行くよりも、深い信頼関係の中から受け取っていく人です。

相談者　うん、うん。分かります。

逆に言うと、人に相談するのがとっても苦手で。

ただ、この1年は、なぜかその部分と向き合わざるを得ない状況になりました。

かげした　それはつまり？

相談者　例えば、母が認知症になって。だから、父と話さざるを得ない状況なんです、今。

最初は、「自分はどうしたい」や「こうしない？」など、自分のことを話す必要があったから、とにかく苦痛で。でも、少しずつ自分のことを話していったら、ようやく向き合えてきた感覚があって。

父が最初は母のことを私に丸投げで。私も私で、仕事をしてなくて、親に養ってもらっている負い目から全部1人で抱えてしまって。でもある時、はっきりと言ったんですね。「丸投げしないで」と。そしたら、父がこのままじゃいけないと気づいてくれて。

かげした　「人生は変えられる」ってことを実感されたんですね。弟さんも、「どんどん行けよ」というメッセージを送ってくれていますよ。それは星の配置からも分かります。

相談者　え？　どういうことですか？

かげした　さゆりさんの木星と弟さんの魂の（命日の）木星が誤差なく120度という創造的な角度をとっているんです。これって結構すごいことで、弟さんは目一杯のエールを送ってくれているってことを表しています。さらにさゆりさん自身は、一般的な占星術的に見ると今年の末から「ジュピターリターン」っていう、12年に一度の拡大期に入ります。

相談者　何があるんでしょうね。

かげした　とにかく、弟さんの「命日チャート」とさゆりさんとの絡みを見ると、弟さんの命日の土星がさゆりさんの天命を咲かせるための根っこをがっつり握っているんですね。どうやら弟さんの別れを機にその根っこをさゆりさんが育ててこられた。そして、その花を咲かせるタイミングが「今」という感じです。

お父様と向き合わされたのも、花を咲かせる準備だったのかなと。

相談者　そう考えると、このタイミングで「命日占い」を受けているのも何か意味を感じざるを得ませんね。来週が誕生日ですし。

かげした　うん、うん。2人の星を見て、弟さんから、

「お母さんのこと押しつけてごめんな。オレがおったらもっと伸び伸びやれてたのにな。やけど、お姉ちゃんの人生の花はお姉ちゃんにしか咲かせられへんからな」というメッセージを感じるんです。

相談者　弟がそんなことを。嬉しいな。

かげした　「毎年、誕生日が来る度に弟の命日を思い出して悲しい」。そんな価値観を、「命日が来る度に弟から未来列車のメッセージがやってくる」とい

うものに書き換えていけると弟さんも喜ばれるかなと。

相談者　弟からの「叱咤激励」という名の誕生日プレゼントですね。

かげした　**今年は特に12年に一度の拡大期＝ジュピターリターン直前なので、弟さんはよりさゆりさんに具体的なメッセージを送りたかったんだと思います。**

だから私がその役目を担わされたのかなと。

相談者　先週だったかな。家にずっといるのがしんどくなって。たまたま見ていた求人サイトで良い条件のものがあったので、なんとなく応募ボタンに申し込んでみたんです。そしたらすぐに連絡が来て。明後日から仕事に行くんですよ。資格を生かせる仕事なんです。

かげした　**すごい！　早速、人生の変わり目到来してますね！**

相談者　はあ、もっと若くて体力のある時に変革期が来てくれたらいいのに。

かげした　**大丈夫、大丈夫。まだお若いです。第二の青春なんじゃないかなと思います。そして、それをはっきりと弟さんが応援してくれている。**

相談者　この仕事に関しても、応募する時、手が勝手に動くっていう感覚がありました。

かげした　**弟さんがそうさせた。これからはぜひ、自分が受け取りたいものは積極的に受け取ってあげてください。星の流れの通りに。**

相談者　素直に生きますね。

かげした　**はい。さゆりさんは受け取るだけでいいんです。先ほどもお伝えした通り、さゆりさんは受け取ることが幸運に繋がる人なので。**

相談者　拒否するからダメなんですね。

かげした　**うん。嫌なものはもちろん受け取らなくていい。だけど、直感で良いなと思ったら積極的に受け取っていいと思います。「ありがとうございます」と受け取るのがさゆりさんの使命くらいに思えば。**

相談者　なるほど。確かに喋るのが苦手だから、弟にももっと感謝の気持ちを伝えたかったな、って後悔があるんです。

生きている間に伝えたいことは伝えておかないとなって。

かげした　素晴らしいですね。それができる人ってなかなかいない。みんなね、「恥ずかしい」で終わっちゃうから。

相談者　弟が空に旅立ってから思うことがあって。私、弟のこと何も知らないなって、すごくすごく後悔したんです。もっと話しておけば良かったって。

かげした　そんなことないんですけどね。でもそういうふうに気づかれてるのは素晴らしいなと思います。感謝の気持ちを伝えていくことが、これからのさゆりさんの運を回していくスイッチになると思います。
そうやってさゆりさんが笑顔で暮らしていることが、天国の彼にとっても喜ばしいことです。笑顔になれば、彼は、もっとお姉ちゃんを喜ばせたいと思うはずです。
生きている時からそういう人だったでしょ、弟さん。

相談者　はい。そうですね。

かげした　それにしても、なんか不思議なんです。
命日占いのセッションって、いつもは私、こんなに喋らないんです。だけど、今日はやたらと喋らされる。本来は、人の死に触れるので、どうしてもしんみりした気持ちになるのに、今日はなぜか喋ってしまうんです。

相談者　弟さんのエネルギーが入ってきているのかな。

かげした　まさにしんみりしたのが嫌いな弟っぽいです。繊細だから、人がしんみりしてると気になっちゃう人なんですよ、弟って。

相談者　なんででしょう。私まで楽しい気分になる不思議な体験です。きっと弟さんの意図ですね。

かげした　裏でかげしたさんの背中を押しているんでしょうね。

相談者　とにかく他人を優先してきたところがあるでしょうから、「お姉ちゃん、そうじゃないよ！」ってことを弟さんは言いたがってますね。

かげした　だから、これからは、楽しみながら色々取り組んでみてください。

というわけで弟さんからのメッセージは以上となります。

相談者　ありがとうございます。楽しかったです。

かげした　私も。ずっと弟さんが、勢いよく「何やってるねん」とツッコんでくる感じで楽しかった。

相談者　かげしたさん、ずっと笑っていましたもんね。

かげした　はい。弟さんの人柄が表れるセッションとなりました。

相談者　これから弟の力も借りながら、楽しくやっていきます。

＊

生前のお話からも、お別れ後のエピソードからも、お2人のきょうだいとしての絆の深さを感じる鑑定でした。

中でも印象的だったのは、生前、弟さんはお姉さんであるさゆりさんへ毎年誕生日プレゼントを送っていたというエピソード。

「いつだって、お姉様を喜ばせたい」というお茶目な弟さん。

それは天に旅立っても変わりなく、常にお姉様が笑顔でいられるように見守っているようでした。

今回、さゆりさんの出生ホロスコープから、人生の拡大期を目の前に控えていらっしゃることに注目しました。

占星術では「妥協せずに大きな理想を描くにふさわしい時期」と読みます。

こういう人生の節目に「命日占い」の鑑定を受けていただく方も少なくありません。きっと弟さんの叱咤激励をお伝えするためだろうと思いました。

お2人の絆は「未来列車」。

お姉様には未来をどんどん切り開いていってほしい弟さん。

お若く天に旅立つことになり、この世でやりたいこと、経験したいこともたくさんおありだったでしょう。だからこそ、お姉様には妥協せずに人生を送ってほしいというエールを星から感じました。

今回特に、さゆりさんの生まれた時の金星や月に、命日の冥王星が関係性を取っていることに注目しました。

月は「安心感」、金星は彼女の「青春時代」を表すような惑星です。

そこに「抗えない力＝冥王星」が関わっているということは、彼女の青春は、いやおうなく弟さんを見送らなければならないという悲しい出来事で埋まってしまったことを物語っています。

（同じような配置が同じ出来事を表すというわけではありません。人の数だけ物語があります。）

しかし、冥王星は「再生」を表す星でもあります。

弟さんはお姉様に「もう一度、ちゃんと青春するんやで！」とも告げているのです。

Chapter

3

繋がる手

繋がる手

早くに旅立った生みの親と、育ての親の狭間で「亡くなった後でより深まった、家族の絆」

鑑定にあたって相談者と話したこと

なおみさん、40代女性。

実は、なおみさんの旦那さんはＬＧＢＴの元女性です。

最初は母親の猛反対にあいながらも、現在は祝福された夫婦として幸せに暮らしていらっしゃいます。

今回鑑定をお願いされたのは、なおみさんとなおみさんの生みの父親との関係性です。
生後まもなく天国へ旅立ったなおみさんのお父様。
もちろんのことながら、生みのお父様との記憶は全くないと言います。
それどころか、生みの親の存在を知ったのは、なおみさんが大人になってからだとか。

なぜ生みのお父様の存在は隠されていたのか、そして、お父様の命日が、なおみさんに語りかけることとは？
その全てに、なおみさんに対する深い愛情が隠されていたのです。

＊

かげした　なおみさん、本日は鑑定の機会をいただき、ありがとうございます。
相談者　こちらこそ、ありがとうございます。

かげした　なおみさん、なんでも先月、結婚式を挙げたとか？

相談者　はい。そうなんです。２０２０年8月16日に。

かげした　「8月16日」に結婚式を挙げられたのは何か理由があってのことですか？

相談者　さすが占い師さん。やはり「日にち」が気になられるんですね。

かげした　はい。職業病みたいなものです（笑）。

相談者　実は生みの父親の誕生日なんですよ。

かげした　生後間もなく旅立たれたお父様ですね。

相談者　はい。私には、２人のお父さんがいるんです。「生みの親」と「育ての親」です。
生みのお父さんは、かげしたさんがおっしゃられた通り、生後間もなくのことで、私には記憶はないんですね。
「命日占い」のことを知ったのも、このお父さんのことを少しでも知りたい！　と思ったことがきっかけです。

かげした　そのお父様のことは、お母様からは、どんなふうに聞かされていたのですか？

相談者　実は、「生みの親」の存在を聞かされたのは、私が大人になってからでした。

それこそ、「生みの親」の死因を知ったのは、つい3年前のことで。

かげした　差し支えなければ、どのように亡くなられたのか聞かせていただいても？

相談者　はい……。自死だったようなのです。

3年前までは母親から「バイク事故で」と聞いていたのですが。

かげした　お母様がそうなおみさんにおっしゃった気持ち、とてもよく分かります。なおみさんを傷つけまいと、気遣ってのことでしょうね。

相談者　まさにその通りです。母親は、父が自死してしばらくの後、再婚をしました。

かげした　その再婚されたお相手が、育てのお父さん、ということですね。

相談者　とても深い、深い愛情で育ててくれました。私も、大人になるまで養女だったなんて思いもよらないくらいで。
ある時、母親が「あなたには、実は生みの親がいるのよ」と打ち明けてくれました。
それと同時に、こんなことも私に言ってくれました。
「あなたを傷つけたくなかった。そして、養女としてではなく、本当の娘として育てたかった」と。

かげした　**なんて愛情深い親御さんなのでしょう。**

相談者　育てのお父さんには感謝しかありません。母のことはもちろん、私たちのことも懸命に育ててくれて。
実は、この育てのお父さん。生みの親ではないのですが、ちゃんと血の繋がりはあるんです。

かげした　**え？　それはどういうことなんでしょう？**

相談者　この育てのお父さんは、生みのお父さんの弟なんです。

かげした　**なるほど。では、なおみさんは姪にあたるわけですね。**

相談者　そうです。生みのお父さんが亡くなってから、その後、自然な流れで、夫婦になったと聞いています。

かげした　**お母様も近くにそんな素敵な方がいて良かった。**

相談者　そんなこともあって、なんとなく母親からのカミングアウトも自然と受け入れられた気がします。母親からその話を聞いた時、嫌な気持ちは全くありませんでした。

かげした　**生みのお父様がいらっしゃったという大きな事実。そして、そのお父様は自ら死を選んでしまったということ。それらを大人になってから知らされ、受け入れてこられたのですね。**

相談者　あ、かげしたさん。もし良かったら「生みのお父さん」の写真、ご覧になられますか？

かげした　**ぜひ！　お顔が分かると、より鑑定をしやすいです。**

相談者　こちらです。

かげした　（写真を見ながら）とても優しそうなお顔ですね。文学青年的なお顔でいらっしゃる。

相談者　私も写真でしか知りませんが。

かげした　色々とお辛いことまで聞かせていただき、ありがとうございました。8月16日に結婚式を挙げられた理由もなおみさんのお気持ちも非常によく分かりました。

ところで、なおみさん。旦那さんは女性だとお聞きしているのですが。

相談者　そうなんです。今、世間でよく言われるLGBTですね。

かげした　結婚式を挙げられたということは、お母様もそのことはご存じということでしょうか？

相談者　当初、お母さんは烈火のごとく怒って、私たちの付き合いを反対しました。その形相は今まで見たことのないくらいで。

かげした　そこまでになる理由が何かあったのでしょうか？

相談者　うーん……。まあ、事情が事情なので、一定の理解はしています。ただ、私からしたら、夫が女性であることが「普通」。ですから、辛いことではありましたね。

かげした　**その辺りはもしかしたら、命日占いから読み解けるものがあるかもしれませんので、鑑定で見てみましょう。**

相談者　ありがとうございます。

かげした　**他に、天にいらっしゃる生みのお父様に聞いてみたいことはありますでしょうか？**

相談者　今の家族のことをどう思っているのかなって。

かげした　**育てのお父様と、お母様、それになおみさんのことをですね。**

相談者　はい。やはり母としては、幸せになることに対して、後ろめたい気持ちはずっとあるようでして。

「亡くなった旦那のことを思い出すことは、あってはいけない。だって、今の夫のことを愛しているのだから」と言っているのを耳にしたこともあります。それくらい、母はずっと〝何か〟を背負いながら生きてきた。

だから、そのことについて天国のお父さんはどのように思っているのか、それを聞いてみたいです。

かげした　分かりました。聞いてみます。

たくさんお話しいただき、ありがとうございました。これにて鑑定に移らせていただきます。

相談者　よろしくお願いします。こちらこそ、ありがとうございました。

＊

実は、なおみさんの生みのお父様の写真を初めて拝見した後、不思議な体験が起きました。

ある朝のこと、夢うつつの中で、なおみさんのお父様と全く同じ顔の男性が私に語りかけたのです。

私は、お父様に、

「私が彼らにお伝えすることは何かありますか？」と伺ったところ、こんな返事がありました。

「みんなが揃うことが大事なのですよ。みんなが揃うことが大事なんです」

夢うつつで、私が受け取ったメッセージは「みんなが揃うことが大事」。

その一言でした。そしてこのメッセージは鑑定をお伝えした後に謎が解けることになります。

私がこの鑑定をお引き受けした理由もそこにあったように思います。

「みんなが揃う」とはどういうことだろう？

お父様のことを皆様が思い出すことが大事なのだろうか？

と色々と疑問は残るまま、鑑定へ移ることになりました。

〈なおみさんと生みのお父様の「星の配置」〉

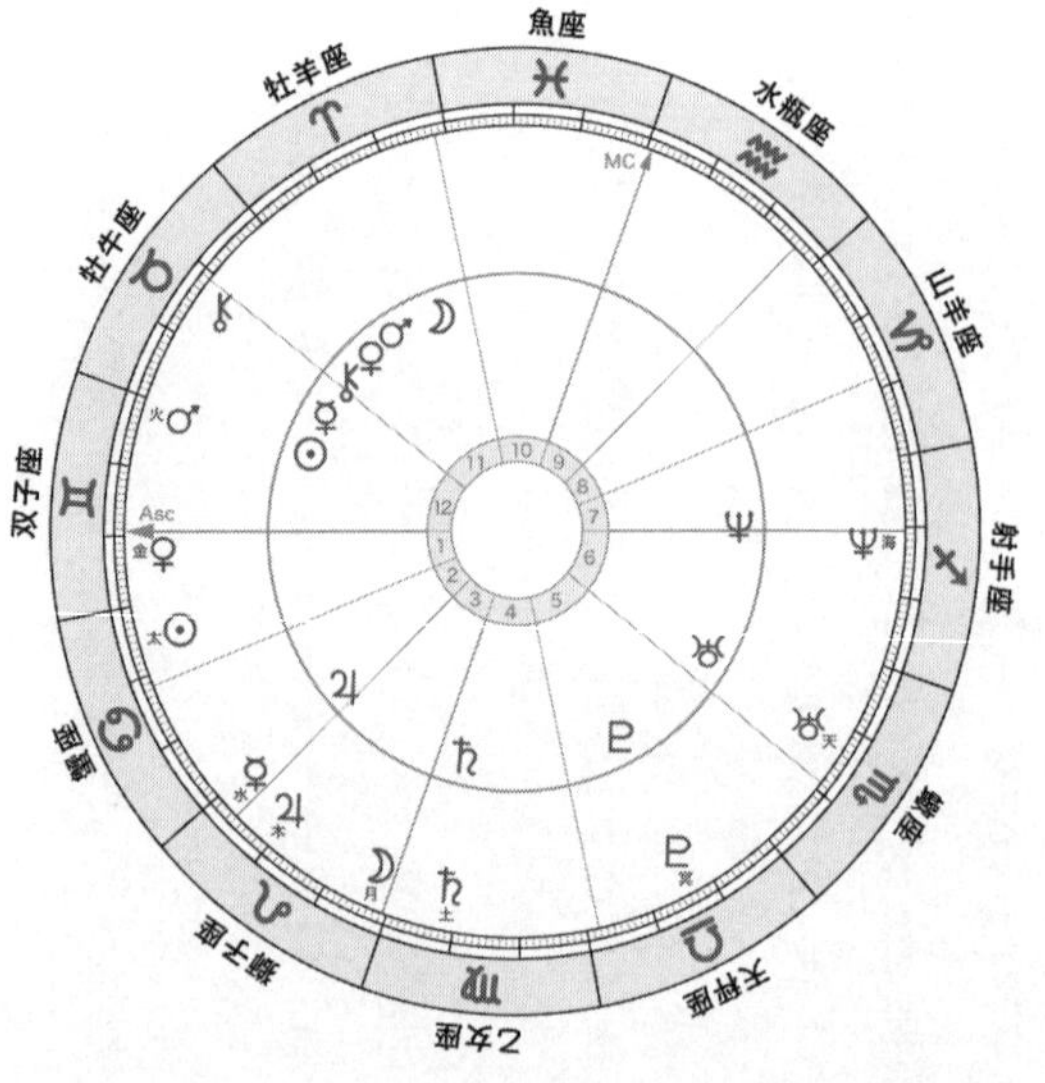

内側の円：ご本人の出生チャート（星の配置）
外側の円：故人の命日のチャート（星の配置）

<かげしたの星読みメモ>

誕生日星座：双子座ー命日星座：蟹座＝繋がる手

・「N太陽」と「DD火星」（12ハウス）の固い絆：男性性を託す（残された家族を頼む）、強いメッセージ性

・NのASCを捉える金星：愛と祝福

・「N木星」と「DD水星」の固い絆：この子がこの世で善きことができるようサポートしたい、お互いに守護している

・「Nカイロン」と「DD木星」の葛藤の絆：癒しをサポート、守護

・「N水星」と「DD海王星」の課題の絆：見えない世界を言語化するサポート

※N＝本人・DD＝命日の星。

※これらの解釈は西洋占星術のセオリーをヒントにした独自の表現であることをご了承ください。

※今回は占星術を詳細にお伝えするのは本書の趣旨ではないため割愛させていただきますが、実際に鑑定させていただいた印として、鑑定時に使用した、チャート図（右図）とメモを掲載させていただきます。

なおみさんの誕生日星座と生みのお父様の命日星座を読み解くと、2人の絆は「繋がる手」。

この繋がる手は、「サポートを受け取る」ことに繋がっていきます。多くの人は、誰かを助けることには抵抗がありませんが、助けられることには抵抗を感じることが多いものです。この「繋がる手」はしっかりと誰かのサポートを受け取り、また自分も誰かをサポートしていくことを学ぶ者同士の絆です。様々な方の力を借りながら、手と手を取り合う大切さを故人から学ぶというわけです。

魂の距離感はとても近く、お互いの存在を身近に感じられる魂同士の関係です。

さらに言えば、なおみさまのお母様と、なおみさんの生みのお父様にあたる元旦那さんの関係性は、「未来列車」であることも分かりました。

こちらもお互いの存在を身近に感じる絆です。

そして、今のお母様の旦那さんにあたられる育てのお父様と、その兄にあたる生みのお父様の関係性は、「真っ白な紙」です。お兄様を亡くされたことは、全てが白紙に戻るような出来事として心に刻まれますが、その後、数々の出会いを故人がサポートしてくれる絆です。

その構図はまるでお父様を真ん中にお母様となおみさんの3人が手を繋いでいるような関係であり、それを育てのお父様がホールドしているような関係に見えました。

なおみさんに鑑定としてお渡ししたのは、天国にいらっしゃる生みのお父様からのお手紙。鑑定をする中で、生みのお父様に言われた「みんなが揃うことが大事なんです」の意味が少しずつ解けていく感覚がありました。

次のページで紹介するのは、私から実際になおみさんへお渡しした天国のお父様からのお手紙です。

なおみへ

言葉をかわしたことがないあなたとこうして話せることをとても嬉しく思います。
なおみが生まれた時、私はこの上なく喜びに満ち溢れていたのですから。
話しかけてくれてありがとう。気にかけてくれてありがとう。
そして、何より私にとって大切な人であるお母さんを支えてくれてありがとう。
今となっては、全てこれでよかったのだと思いたい私がいます。
もちろん私の決断が正しかったなどと言ってはいけないこと。
正しくはなかった。でも、あなたたち、家族を見ていてとても安堵しています。
私の魂は安らかです。心配しないでください。

あなたたちのおかげです。ありがとう。ありがとう。
あなたたちはこんな私にさえいつも愛を注いでくれていますね。
いつも気にかけてくれていますね。

生まれて間もないあなたを置いて、自ら人生を捨てたことで、
お母さん（妻）には色んなものを背負わせたね。
みんなに私を助けることができなかった、という気持ちにさせてしまって本当に
申し訳ないことをした。
誰も悪くない。誰も悪くないんだよ。

生まれたばかりのあなたにも色々なものを背負わせてしまったね。
私を失ったことで苦しむ大人たちを受け止めていたのは、なおみです。
ああ、本当に申し訳ないことをしたね。ああ、本当に。

私の弟（なおみさんの育ての父）にも頭が上がらない。感謝しかない。
私の周りはなんと思いやりと愛に溢れていたのだろう。

私はその愛をまっすぐに見ることができなかった。誰も悪くない、悪くないんだ。
だから、今となっては、私にできることは、
あなたたちが家族揃って幸せになる姿を見守ることしかできなくて。

「ああ、この家族で良かった」とみんながそう集えることが
一番のお詫びだと思いました。

なおみ。こうして引き継がれてきた命をあなたはしっかり生きているね。
愛に守られ、包まれ。そして受け取り。本当によくやっていますね。

こういうふうに言うことをみんな、許してくれるだろうか、

「なおみは私にとっての誇りです」と。


ああ、私を思い出してくれてありがとう。

私を「お父さん」として思い出してくれてありがとう。

なおみ、幸せに生きなさい。この世で命を輝かせて生きなさい。


あなたらしい方法で多くの人の命を輝かせてください。

いつでもいつでも見守っています。

「たくさんのごめんなさい」と「たくさんのありがとう」をあなたを通して家族に伝えます。

お父さんより

鑑定を終えて相談者と話したこと

なおみさんへ鑑定結果をお伝えするために、ひょんなことからなおみさんの実家を訪ねることになった私。ご実家には、話を伺っていたお母様、それになおみさんの育てのお父様もいらっしゃいました。

とても優しい雰囲気を持たれる2人を前に、この親にこの娘ありと納得がいきました。

ただ、1つだけ気になることもありました。

なおみさんのご実家の玄関を開けて、初めてお母様と目を合わせた時、なぜかふとすぐに目をそらされたように感じたのです。

その顔は明らかに不自然で、見てはいけないものを見たような、申し訳ない気持ちになられているような、そんな雰囲気でした。

＊

かげした　**なおみさん。実は、私の夢うつつの中に、なおみさんの生みのお父様が現れたんです。**

相談者　え？　お父さんはなんと？

かげした　**一言だけ。「みんなが揃うことが大事なのですよ」と。**

なおみさんのお母様がハッとした顔をされたのは、ちょうどこの言葉をお伝えした時でした。そこで私は、お母様にその理由を伺うことにしました。

かげした　**お母様、どうかされましたか？**

相談者の母　実は……かげしたさんが入ってきた時、天国へ旅立った旦那が入ってきたのかと思いました。姿や雰囲気が、かげしたさんにそっくりで。

かげした　**なるほど。不自然さを抱いた理由がこれで分かりました。**

確かにお写真を見ると、天国の旦那さんも私も、長身でメガネをかけていますからね。それにそう考えると、私の祖父の顔と天国の旦那さんもそっくりです。

相談者の母　まるでタイムスリップしたような気持ちになりました。

かげした　申し訳なさそうにされていたように感じましたが、それはなぜでしょうか？

相談者の母　えっと……、今の旦那を私は愛しています。だから、天国の旦那のことは思い出してはいけない。そう思いながら生きてきました。

かげした　なるほど。お母様、初めましての私がこんなことを言うのもおかしなことかもしれません。だけど、お母様は、本当に深い愛情の持ち主だと思います。なおみさんの話を伺っていても、実際にお会いしてもそう思います。

相談者の母　え？　これのどこが愛情深いのでしょうか？

かげした　今の旦那さんを気遣って元旦那さんのことを思い出さないようにされて

いたこともそうです。そして、なおみさんを傷つけないように死因も「事故死」として伝えてらっしゃった。ぎゅっと心が痛むほど、お母様の愛を感じました。

全てお母様の愛だと言わざるを得ません。なぜなら、全ての選択において、お母様は「大事な人を幸せにしたい」とその一心だったのですから。

でもね、お母様。

相談者の母　はい。

かげした　こういった活動をしていると、たくさんの大事な人の「死」を経験した方と出会います。そして、悲しさゆえに、今を生きるために、亡くなった方の存在を「いなかったこと」にしてしまうことがあるんです。

もちろん、愛情があるがゆえに起こることではあるものの、それは生きている私たちにとってはとても不自然なことなのです。実はそのほうが魂は苦しいのです。

お母様。少しずつ、少しずつでいいので、天国へ旅立たれた旦那さんにも、心の中に居場所を作ってあげてくださいね。思い出すことは全然悪くないんです。

相談者の母 そんなこと言われたの初めてです。ありがとうございます。なんだか気持ちが楽になりました。

かげした 今も**なお、お母様と共に生きています。関係性を育んでいますよ。**

かげした **今なら、元旦那さんがおっしゃった「みんなが揃うことが大事」の意味が分かる気がします。**

相談者の母 私もなんとなく。

かげした **それは良かった。多分、元旦那さんは「私もみんなを見守っていますからね。私もみんなを空の上からサポートしますからね」と、そんなことを言いたかったんじゃないかと。**

相談者の母 うん、うん。きっとそうです。

元夫をないことにするのではなく、ちゃんと感謝しないとですね。なおみとも、この人がいなければ出会うことはできなかった。

私1人、こんなに幸せでいいのか？　と、いつも思っていました。夫を亡くした後、今の夫とのご縁があり、幸せにしてもらって。どこかで罪悪感があったんです。

かげした　お母様と元旦那さんは、「未来列車」の関係性。元旦那さんの「命日」は、お母様をより良い未来に連れて行こうとしてくれています。だからこそ、一番信頼できる弟さんにお母様を任せたんじゃないかと。良いんです。どんどん幸せになってください。

相談者　なんだか、勇気が湧いてくるお話ですね。

かげした　**そうだと嬉しいです。**

相談者の母　あ、実はね、なおみ。あなたにまだ言ってないことがあるのよ。

相談者　えっ！　何!?　まだあるの～？

相談者の母……。実はなおみには妹がいたかもしれない。昔ね、私その子を中絶したのよ。本当に申し訳ないことをした。当時こんなふうにお腹の子に言い聞かせたのよ。

「ごめんなさい、ごめんなさい。私はなおみのことが大事なの。あなたが女の子だったら、なおみがかわいそう。あなたが生まれてきたら、あなたが戸籍上は長女になる。なおみが養女ってばれてしまう」と。

相談者　えっ……。

相談者の母　かわいそうなことをしました。

かげした　お話しくださってありがとうございます。お母様にとっては当時、泣く泣くのご決断だったことでしょう。精一杯の決断をされたのですね。心が痛いほどになおみさんへの愛も感じます。今まで黙ってらっしゃったことも、愛ですよね。私がそんな簡単な言葉で片付けちゃだめですけど。

相談者　いや、そうだと思います。本当に愛ですね。

かげした　なおみさん。「家族」というのは、自分の一部です。自分のアイデンティティの一部です。たとえ知らない存在だとしても、この世に生まれてくることができなかったとしても、思い出してあげる瞬間、命は蘇るのです。
そう思います。亡くなった人は自分の一部ですから、思い出してあげることで自分を取り戻すってことにもなるんです。

相談者　妹のこと、思い出す時間を持つようにします。

相談者の母　ありがとう。なおみ。

かげした　ああ、天にいらっしゃるお父様が私の夢でおっしゃっていた「みんなが揃う」ってこういうことだったのでしょうか。
生まれることなく、天に帰った妹さんも大切な家族の一員だってことですね。私はさしずめお父さんの代役ってところでしょうか。

相談者　今のお話、本当におっしゃっていただけて良かった、そんな気がします。
揃った感じがします。ありがとうございます。

かげした　では、改めて、なおみさんと天にいらっしゃる生みのお父様のチャートをもう少しだけ詳しくご紹介したいと思います。
なおみさんの「誕生日」の東の地平線に、亡きお父様の「命日」の金星が重なっていました。金星は「愛」そのものです。なおみさんの誕生をお父様は心より祝福されていたことでしょう。

相談者　嬉しいです。記憶もなくて、私をどうして置いていったんだろうって、そんな虚しさばかりがありましたから。

かげした　どのような父親でもそうなのですが、まちがいなく、お父様はなおみさんを愛されていました。愛おしさでいっぱいです。

お2人のチャートからもう1つ分かることがあります。なおみさんの誕生日の「太陽」の上に、お父様の命日の「火星」が重なっています。

占星術的には火星は「男性性」を象徴します。お父様の「男性性」を託されているようにも見えますね。「残した家族を頼んだぞ!」って。

相談者　ああ、それはすごく納得ですね。私って、母親から見ると亡き夫からの、そして祖母から見ると亡き息子の「忘れ形見」みたいなものですから。母も、祖母も、私を見る度に「失った夫」「失った息子」を思い出していたんじゃないかな。それくらい時に激しいくらいの愛を受けることが多々ありました。

かげした

母親にとって、息子に先立たれる気持ちはどんなに辛かったでしょうね。

おばあさまは自分を責める日もあったかもしれません。

そして、当時、生後間もない我が子を残して夫に先立たれたなおみさんのお母様。

こちらもまた、「どうして防げなかったんだろう」と責めることもあったかもしれません。

その気持ちを乗り越えるために、なおみさんをなんとか幸せにしよう！傷つけないでおこう！　とされていたのでしょうね。

なおみさんの太陽に重なるお父様の火星は、そんなお2人の痛みを「なおみ、よろしく頼むな」と言っているようでした。

小さな女の子には、大人であるお2人の痛みを受け止めるということは、いささか大役だったかもしれません。もう、その役割は今日で卒業です。

もう大丈夫ですね。

相談者　今日で終わり？

かげした　生みのお父様は、「なおみは、もう1人でどんどん幸せになる力があるし、1人で幸せになっていい。家族の痛みはもう、背負わなくていいんだよ。背負うことはない。それに、僕がみんなのことを応援しているしね」と言いたがっていますよ。

相談者　ありがとうございます。ますます、本当の自分をこれからは生きたいと思います。

かげした　なおみさんは確か、妊活中なんですよね。

もしかしてこの体験は、「母親になる」という次のステージに向かっての準備として起こったのかもしれませんね。

相談者　はい。そうかも。今回の鑑定のおかげで、自分を生き切ろう！　そう思えたので。

空にいる生みのお父さん、そして妹の力も借りながら、これからの困難を乗り越えていけたらと思います。

かげした　素晴らしいです。

＊

後日、嬉しい連絡がありました。

これまで、封印されてきた生みのお父様の存在。

ところが、育てのお父様のご提案で、家の中には今、天国のお父様のお写真が飾られているとのことです。

そしてその横には、なおみさんの結婚式のお写真が。

「生みのお父様も育てのお父様も含めて、みんなで家族。生まれてこなかった小さな命も」

この写真を見て、天国のお父様はきっと空で喜ばれていることでしょう。

今回のなおみさん。鑑定をさせていただいたというより、家族の絆が再び結ばれる場を見守らせていただいた、と言うほうがふさわしいような体験でした。

悲しいお別れがご家族の中にあると、家族はどうにかして懸命にその悲しみを乗り越えようとします。

たくさんの深い悲しみと罪悪感とたくさんのものを抱えてこられたでしょう。だからと言って、悲しみをなくすのはそんなに簡単なことではありません。それなら悲しみは消さなくてもいいのではないでしょうか。

そして、悲しみがあったとしても、幸せになれる、とも思うのです。それに残された人たちの使命は「幸せになること」でもあります。なぜなら私たち人間は幸せになるために生まれてきたのですから。

語弊があるかもしれませんが、

「悲しみは消えないけど、幸せになることができる」

なおみさんのご家族から、そういったことを教えていただきました。

Chapter

4

北極星

北極星

13歳で生涯を閉じた息子からのメッセージ
「短い人生だったけどママの子供になれて、幸せだった！」

鑑定するにあたって相談者と話したこと

今回、セッションを受けてくださったのは、息子さんを13歳の若さで亡くされたお母様。

息子さんのお名前は翔ちゃん。

「世界で羽ばたいて生きていけるように」と願いを込めた名前。

10歳の時、脳腫瘍で倒れた翔ちゃん。

翔ちゃんは、ご両親が祈りを込めた名前の通り、スケールの大きな心の持ち主。病床でも七夕の短冊に、「みんなの病気が治りますように」と書いていたそうです。

お母様が愚痴をこぼすことがあると、「そんなん言っちゃだめ」と叱ることもあったとか。感謝を大切にする、いつも前向きな翔ちゃん。

2年半の闘病の末、身体は痩せ細り、最期は耳も聞こえず、話もできず空へと旅立たれました。

「何か言いたいことがあったのではないか」。そんなことが気がかりで、今回「命日占い」のセッションを受けてくださることとなりました。

お母様としては、やはり、落とし所や納得できるポイントを探されているようでした。

相談者　やっぱり落とし所を探している自分がいます。

かげした　**亡くなってから、まだ1年も経たれていないんですよね？**

相談者　はい。7ヶ月前に旅立ちました。今度の夏で初盆です。

かげした　**話しづらいことは、無理に話していただかなくても大丈夫ですからね。えっと、翔ちゃんは確か、三男さんですよね？**

相談者　はい。お兄ちゃんが2人いる、末っ子くんです。

かげした　**魂レベルの高いお子さんだって、事前に教えていただきましたけども。**

相談者　そうなんです。わが子ながら、勉強させられることが多くて。感謝をいつも持っている子で、何でも「ありがとう、ありがとう」と言うのです。周りの親戚や病院の看護師さんから、「すごいね、翔ちゃん」って言われていました。
本当に我が子かな？　って思ってしまうほど、いつも学ばされる子供でした。

かげした　**印象に残っているエピソードや言葉はありますか？**

相談者 七夕の時に、短冊に「病棟のみんなの病気が治りますように」って書いていて。自分のことじゃなくて、周りのことを心配しているんです。自分だってそれどころじゃないはずなのに。
それに、私がグチグチと愚痴を言っていると、「そんなこと言ったらダメだよ」ってなだめられることも。

かげした **まだ13歳。中学生の男の子ですよね？ 何が見えていたんだろう。**
ちなみに、「翔」っていうお名前は、お母様がつけられたお名前？

相談者 夫婦一緒にですね。「世界で羽ばたいて生きていけるように」と願いを込めて。

かげした **周囲のことに思いを向けることができる広い心を持っていらっしゃった……そのままですね。普通なら短冊に「自分の痛みが早くとれますように」って書きますよね。**

相談者 はい。だから闘病中、検査結果に落胆し思わず泣き崩れることもありましたが、常に前向きでしたね。ずっと明るかったです。

かげした　**お母様は、その様子を見られてどんなお気持ちでしたか。**

相談者　実は私自身も病気を持っていたんです。8年前くらいにリウマチを患いまして。歩行が困難なんです。

だから、息子が病気になって治療と向き合う際、一緒に励まし合っていました。頑張ろうねって。

かげした　**お2人は同志のような関係でもあったわけですね。**

相談者　辛さも分かるし、こういう時ってしんどいよね、って分かるし理解もできるし。望みを捨てないで頑張ろう、みたいな。

翔ちゃんが亡くなる時まで、諦めてなかったんですよね。でも、ある日突然病状が悪化してしまって。それから1週間くらいで亡くなってしまいました。

だから、旅立ったことにも実感がなくて、受け止めるまでに時間がかかりました。

かげした　**事前にお書きいただいたアンケートに、**

「翔ちゃんの死について、色んな人たちの話を聞いて、答え合わせをしている」と書かれていました。

相談者 はい。以前、かげしたさんのトークショーにお邪魔させていただいたことがあります。

その際、「亡くなった人とのこれからの絆。それは生きる人間が決めればいいよね。私たちに託されたことだし、幸せに生きる責任ってそういうことだよね」とおっしゃっていて。

かげした **言いました、言いました!**

相談者 その話を聞いて、一般的には、「死」は悲しいことと言われるけど、それだけではないのかなと感じて。つまり、別の意味では「お祝い」。「この世を去った。おめでとう」という見方もあるんだなと。

結局は、自分を納得させたいんですよね。

苦しいのは仕方ない。寂しいのも仕方ない。だけど、毎日を……これからを生きていくためにも、何か死の意味を納得させてくれるものを見つけたかったのです。

かげした　13歳ですもんね。納得できるほうが不自然です。お母様としては。私も今14歳の息子がいるので、その子が突然いなくなると考えると……。何か翔ちゃんに聞いてみたいことはありますか？　答え合わせをしたいことでもいいです。

相談者　最後の1週間は、耳も聞こえないし、しゃべることもできませんでした。あの時、翔ちゃんは何か言いたかったのかなって。最後の1週間の入院の時、翔ちゃんの目からスーっと涙が頬をつたったんです。あれは一体、なんだったんだろう。

かげした　翔ちゃん、何を言いたかったんだろう。そのことについては、お2人の星を見てみますね。それにしても、初盆で、お母様は悲しみがとても深いはずですのに、お声とか話し方から力強さを感じます。

相談者　私も自分で思うんです。今まで見てきた経験だと、1日1日を泣いて暮らすみたいなイメージをしていました。
もちろん私も泣いていましたが、なぜか翔ちゃんが見守ってくれているっていう実感がすごくあって。私と一体化しているというのでしょうか。

かげした　2人の間には、強い絆が存在しているんですね。肉体はないけど、存在はあちこちにあるということでしょうか。

鑑定させていただくために必要なことがお聞きできたと思います。たくさんのお話を聞かせていただきありがとうございました。

相談者　あ、最後にこれだけお聞きしてもいいですか？
かげしたさんって、(見えない存在が) 視える方なんですか？

かげした　視えません。見えているのはご相談者さんの表情とかムードだけですよ。あ、もちろん星のチャートも。その上でなぜか「これはお伝えしたい」と確信が浮き上がってくることがあります。

相談者　分かりました。鑑定結果を楽しみにしております。

〈お母様と翔ちゃんの「星の配置」〉

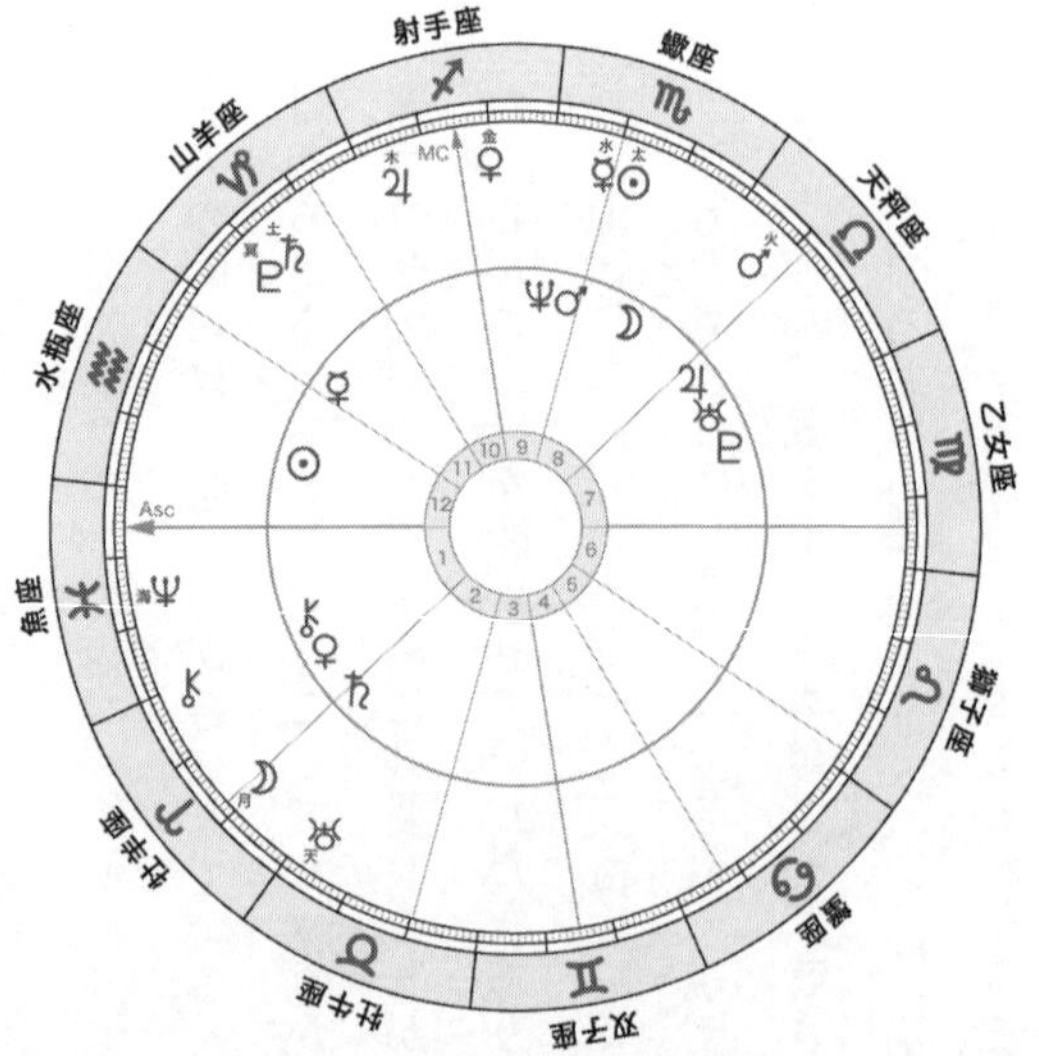

内側の円：ご本人の出生チャート（星の配置）
外側の円：故人の命日のチャート（星の配置）

＜かげしたの星読みメモ＞

誕生日星座：水瓶座ー命日星座：蠍座＝北極星

・「Nカイロン/金星」と「DDカイロン」の固い絆（カイロンリターン）：愛を通じて自分の傷を癒す
・「N太陽」と「DD水星」の葛藤の絆：辛いお別れだけどお母さんの使命を具現化したい
・「N海王星（涙の度数）/火星」と「DD水星」の固い絆：救済がテーマ
・NのMCを捉える「DD金星」：僕は天国に旅立つよ。そしてお母さんはこの世で輝いて
・「N土星/２室」と「DD冥王星/月」の葛藤の絆：お母さんの痛みの少しを僕が持っていくね。お母さんは生まれ変われる存在だよ

※N＝本人・DD＝命日の星。
※これらの解釈は西洋占星術のセオリーをヒントにした独自の表現であることをご了承ください。
※今回は占星術を詳細にお伝えするのは本書の趣旨ではないため割愛させていただきますが、実際に鑑定させていただいた印として、鑑定時に使用した、チャート図（右図）とメモを掲載させていただきます。

お母様の誕生日星座と息子である翔ちゃんの命日星座を読み解くと、2人の絆は「北極星」。

この北極星の関係性において、残された方の多くがお別れを機に「人生において求めること」がシャープになったと言います。

それは故人がその目的や姿勢に対して「北極星」のような不動の光で照らし出してくれたからです。

あなたの中に芽生えた情熱や使命感を故人と共に育んでいく、いわばお互いの舞台で「チャレンジャー」として進化を遂げていく2人です。

また、お母様と翔ちゃんの2人のチャートは「金星」が象徴的なのですが、金星は「愛」と「喜び」を表します。

本当に「愛しか感じない……」といった感覚を何度も感じました。

その感覚を少しでもお伝えするために、次のページから、お母様にお送りしたお手紙を掲載させていただきます。

ママへ

いつも変わらず僕を愛してくれてありがとう。
近くに感じてくれてとても嬉しい。

僕はママのそばからいなくなっちゃったけど、
僕の魂にとって、ママという居場所は永遠なんだってこと。
まずはそれを伝えたいよ。
ママならきっと分かってくれるよね。
〝僕はどこにも行ってないし、どこにでも行ける〟存在だよってこと。
それは「ママ」っていう場所があるからなんだ。
ママから生まれて、ママから旅立った。

ママは僕にとって永遠にあたたかな居場所なんだよ。

だから、僕を見送ってくれてありがとう。
今もそばにいさせてくれてありがとう。

僕が生きている時ね、ママの病氣と僕の病氣と共に励まし合ったことがあったね。
僕はとても嬉しかった。僕はとても勇氣をもらった。

それとね、僕が天に旅立った日。
美しい星の金星が、ママの魂を明るく照らしていたの知ってる？

僕は病氣と共にある人生だった。でもね、不幸な人生だったなんて思ってないよ。
僕はとても幸せだったよ。

それを知らせたくて、知らせたくて！　金星が力を貸してくれたんだね。
もう一度言うね。僕は幸せな人生だったよ。
伝わったかな。伝わってるよね。

きっとね、僕がママに幸せな人生をもらったように、
ママには誰かをとびっきり幸せにする力があると思うんだ。

愛の星、金星はそれを知らせてくれたんじゃないかな。
ママが自分で思っているよりも、〝人を愛する力〟を持ってるってことかな。

僕はママから「愛されることの喜び」を教えてもらった。
きっとママは「愛することの喜び」を世界に広げていくんだね。

だから、ママと僕。この地球で共に生きた時間があったのかもしれないね。

そして、これからのママは、
どんどん自分の魂がやりたかったことを実現していくんだね！

ママの中にある情熱。ママの中にあるたくましさと優しさ。
今までは僕と僕の病氣のために、僕への愛として発揮してくれたね。

これからは、この地球上で多くの人に向けて発揮することを応援してるよ！

忘れないでほしい。

ママの心や体の痛みは、
決してママの魂がやりたいことを邪魔しないから大丈夫だよ。

悲しくても、痛くても、そんな時があっても大丈夫だよ。

でも、もし体が痛い時は、牡羊座に月がある時に、
「痛いの、痛いのとんでけーー」って、言えばいいよ。
そのおまじないがちゃんと効くように、お星様とお月様にお願いしておくから！
僕も一緒におまじないするから！

ママは生きながら、何度も生まれ変われる人だもの。
何度も生まれ変わって、新しい自分になれる人だもの。

大丈夫。僕はそんなママをいつでも応援しているし、誇りに思う。
ママのところに生まれて、本当に幸せだったなあ、と思う。

ママが今、やりたいと思っていること、情熱がなぜか湧いてくること。
どんどんチャレンジしてね！　応援してるよ！

ママの「愛する力」を発揮する機会が、もっともっとあると思うんだ。
そんなママから差し伸べられる手を待っている人たちがたくさんいる氣がするよ。
まだまだ話したいことはあるけど、多分きっといつも伝わっている氣がする！

いつも応援しているね。
ママ。ありがとう。

翔

鑑定を終えて相談者と話したこと

翔ちゃんに思いを馳せれば馳せるほど、湧いてくる翔ちゃんの「深い愛」。

生前の少し達観したところというのは、旅立ってからも健在のようでした。

お手紙をお渡しできたのは、まるで翔ちゃんの計らいかのような初盆の8月15日のことでした。

*

かげした　**お手紙お読みいただき、ありがとうございました。**

相談者　こちらこそ。タイミング的に、ちょうどお盆の15日に頂いたので。

かげした　**お手紙お読みいただき、どう思われましたか？**

相談者　答えが返ってくるようでした。

かげした　**そう言っていただけて良かったです。お話できる範囲で結構なのですが、**

相談者　**例えばどういうところが答えのように感じられました？**

かげした　まずは、最初の一文です。

〝いなくなったけど、いるよ〟という意味合いのこと、生前もよく言っていました。この一文が、あの文章の中で一番、「やっぱりそうだよね」と思えた部分です。安心しました。

相談者　**お母様の「誕生日」のホロスコープと、翔ちゃんの「命日」のホロスコープを重ね合わせた結果を一言でお伝えします。翔ちゃんは、お母様のこれからの使命とか役割を形にしようとしている、そんな感じでした。**

かげした　その話はピンと来るものがあります。何か「うまく進んでいっている」という実感が毎日あるし、日々、興味があることが出てくるんです。

「未来に向かってるんだな～」、という感覚があります。

相談者　**星のチャートを見ると、翔ちゃんが天国に旅立った時期っていうのは、お母様にとって、専門用語で言うところの「カイロンリターン」でした。**

カイロンは、「癒しと傷の小惑星」っていう意味を持つ、土星と天王星

の間にある星。

その星が50年に一度（全ての人が50歳前後に経験します）自分のところに戻ってくる、という配置だったんです。これはつまり、お母様自身の「癒しのテーマ」が完結するっていう意味があるんですね。

相談者　完結するとどうなるのですか？

かげした　完結すると、次は誰かを救うとか癒すとか、提供者になっていくことが多いです。要は切り替えの時期ですね。

相談者　その「カイロン」というのは、私にだけあるものなのですか？

かげした　いえいえ、もちろん誰にでも生まれた時のカイロンの位置があります。

ただ、お母様の出生チャートに記されているカイロンの隣にはピッタリ金星が寄り添っています。これは、お母様自身が自分の傷と向き合ったり、癒しを進めれば進めるほど、それがそのまま誰かの光になっていくことを表しています。

そして金星が表す愛というテーマとの結びつきが深いのです。

相談者　そのことは翔ちゃんとも関係が？

かげした　たまたま彼が天に旅立った時の星の配置が、そのことを活性化させる節目になっています。それもあって、「お母さんはもっと、いろんな人に光を与えられる人だよ」みたいなメッセージを受け取ったんです。

「僕はどういうふうにサポートできるだろう。お母さんにとって何がベストだろう」

そんなことを、空の上からすごく具体的に考えているようです。

その上で、1つお聞きしたいことがあります。お母様自身の体の調子っていかがですか。

相談者　膝が悪いので、杖がないと歩けません。ですが、じわりじわりとましになってきています。

かげした　やっぱり。「お母様の2ハウスにある土星」は身体的なことを表すのですが、そこに翔ちゃんのクッションである月が乗っています。

「お母さんの肉体的な辛さや、五感的な辛さを持っていくよ！」と翔ちゃんが言ってくれていることを表しているんですよ。

なので、「いつもありがとうね」というふうに、翔ちゃんに言葉をかけてあげると喜ぶんじゃないかなと思います。彼なりに、色々とサポートをしているようなので。

相談者　わぁ、本当ですか。嬉しい。

かげした　「傷を和らげたい。そうしたら、お母さんはもっと、やりたいことをやれるんじゃないか？」といった、彼なりの意図を感じますね。

とにかく、翔ちゃんは、お母様の愛とか情熱みたいなものを、形にしようとしている秘書さんみたいな感じなんですよ。

相談者　秘書ですか？

かげした　はい。お母様の中で眠る潜在的な願いを応援しています。

相談者　潜在的な願いですか。なんだろう？

かげした　星を見ると、例えば、「癒し」をお仕事にされるのもいいでしょう。

きっと、人々の駆け込み寺的なこともできちゃう。

本当ににっちもさっちもいかなくなっちゃって、深い傷を負ってしまった人たちに対しても、深刻にならずに、楽しく向き合う術を提案できそうな気がします。

相談者　誰に向けられたものなのか、分からないですよね？　子供とか？

かげした　子供さんというキーワードはありますね。カイロンの横の金星は、「子供」を表すこともあるので。でもね、深い感じなんですよね。深い癒しを提供するお役目。

翔ちゃんと生前に、お互いの痛みとか病気を励まし合った記憶があるって、お母様、おっしゃっていたじゃないですか。

その時のことを彼はすごく感謝していて、だからこそ、ママならたくさんの人を癒せると思っているようなんですよ。

お母様が彼にしてあげたこととか、共に乗り越えてきたこととか、それを思い出してやってみて！　みたいな感じ。

お母様としては、息子さんのことなので、必死にそうされてきただけなのかもしれないけど、なかなか簡単なことではないと思います。

相談者　え？　そうなんですか？

かげした　はい。そうです。ご自身の子供がご病気になられたとしても、そこまでできない方も結構いらっしゃいます。

相談者　これって当たり前のことじゃなかったんですね。ちなみに、「子供を支援するお仕事」って、例えばどんなものがあるでしょう？

かげした　例えば、学校教育もその1つ。他にも、既存の教育には収まらないお子様のサポートをお母様自身が考えることもできます。

相談者　それは、お子様のお母さんをサポートするとかもありですか？

かげした　もちろん、もちろん。素敵なことだと思います。母親が変わると、お子さんもコロッと変わることってありますしね。

相談者　ただですね。やっぱりまだ、新しいことを始めることに抵抗のある自分もいます。まだまだ悲しみを乗り越えていないというか。

かげした　うん、うん。誰にでもその抵抗はあります。普通のことです。

そもそもなのですが、亡くなってから1年間というのは、まだ悲しみに暮れていても全然構わない、というか。むしろそのほうが良いような時期だと思っています。

相談者　ただ、前も言いましたが、もちろん会えないけど、存在を感じられることもあって、不思議とただただ悲しいだけはないっていう。

かげした　もともと、お母様がそういう感性をお持ちですからね。星を見ていてもそう思います。

お母様の月星座が蠍（さそり）座です。やっぱり蠍座に月を持っている方は、深いところと繋がっちゃう方が多くて。

相談者　へぇ～！　あ、でも心当たりあります。

かげした　やっぱり。集合的無意識を司っている星に「海王星」というのがあるんです。そして、その星と「火星」が重なっていらっしゃいます。

つまり集合的無意識にアクセスするスイッチが入っている状態。だから、大きい意識と繋がりやすい。

ちなみにお母様の場合、集合的無意識に繋がりやすい「海王星」の上に、彼の命日の「水星」が乗ってきています。

「水星」というのは、言葉だったり、実現力だったりを表します。

相談者　つまり、その集合的無意識と繋がるために「言葉」がポイントになるということですか？

かげした　ええ。まさに。誰かの気持ちというのもありますし、スピリチュアルの世界のモヤモヤとしたものを言葉にして、誰かに伝えることもそう。

そういったこと全てにおいて翔ちゃんがサポートしています。

もしくは、翔ちゃんの言葉や亡くなった人の言葉を汲み取ることもそう。

あ、自分の中の情熱を言葉にするのもそうです。

とにかく、頭に浮かんだモヤモヤしたイメージを、ちゃんと言葉にして具現化していく。そうすると、もともとお持ちの感性の上に、さらに翔ちゃんのサポートが乗っかってきます。

相談者　お仕事抜きにして。

かげした　はい、そうです。本当に2人の間では、翔ちゃんがお母様に目印をくれる役目なんですね。
あ、こんな星の配置も2人にはありますよ。

相談者　え？　どんな？

かげした　実は、彼の金星がお母様の頭上で輝いている時が命日だったんです。

頭上っていうのは、お母様にとっては、使命だったりとか社会的な頂点に立ったりとか、そういう意味が星読み的にはあります。

お母様の使命を、翔ちゃんが照らして示してくれているんでしょうね。

そして2019年から2020年にかけては、本当の使命に目覚める時。

「第2の人生」ぐらいの感じに思って貰ってもいいと思います。

彼なりの祝福でもって旅立った感じが、私はします。

相談者　まさに今、このタイミングですね。

かげした　これは他の方にも言えることですが、「命日」って暗い印象を持ちがちです。

ところが、星の配置の関係性で見ると、お互いが旅立ちを祝福している
ようなチャートになっていることが多くて。
この世側からすると、寂しくて、辛いことなんですけど。ただ、星だけ
を見てると、魂同士の繋がりというか、お互いが応援し合っている。

相談者　翔ちゃんが、魂のサポーターのような気がしてきました。
いろいろ話をお聞きして、腹が据わってきた感じがします。

かげした　お、腹が据わってきた。

相談者　「確信」のような、「大丈夫！」のような。２０２０年がポイントにな
る感覚も以前からありましたし。

かげした　良かったです。まさに感じていらっしゃる通りで、水瓶座さんっていう
のは、2020年末から本格的な活躍の時なんですよ。

相談者　なんだか嬉しいし、自信になります。

かげした　だから、これまでの辛かったこととかその経験が全て、パラパラパラパ
ラって裏返っていくようなことが、起こっていく。

その流れに乗っていけると良いですね。

相談者　はい。それは嬉しい。

かげした　**その上で、新しい一歩を踏み出した時には、そして、「癒し」や「言葉」に関連するお仕事をすればするほど、翔ちゃんと一緒に生きている感覚が得られるかなあと。**

相談者　翔ちゃんがずっとそばにいてくれる。

かげした　**うん、うん。もちろん今回の死は、翔ちゃんにとっても悲しかった。肉体を通してもっとお母さんと一緒にいたかった。だからお母様も、その「残念だった」という気持ちはそのままで。おこがましいですが、だからこそ生まれるものもあると思いますし。**

相談者　はい。ありがとうございます。喜びも悲しみも抱えて、翔ちゃんと一緒に新しい一歩を踏み出します。

かげした　**はい。ぜひゆっくりと。**

相談者　今後どうなるか分かりませんけど、お話しできて本当に嬉しかったです。

よかった。それが、代筆できていたのなら。

＊

こうしてお母様は、悲しみの中に少しばかりの光を見つけながら、家路へとつかれました。

大切な人の死に対して、悲しみを感じることは決して悪いことではありません。涙を流すことは、亡くなってからできる故人への愛情表現だと思うからです。

ですがその一方で、新しい一歩を踏み出し、「今の人生」を生き切ることもまた、先に逝ってしまった故人への愛情表現ではないかと、私は考えます。

Chapter

5

天の川

天の川

死産になった我が子。もしかして私がいけなかった？「生まれられなかったのは、ママのせいじゃないよ」

鑑定するにあたって相談者と話したこと

今回、「天の川」の絆としてご紹介させていただくのは、現在50歳の女性・ひろこさん。

ひろこさんは、大切な人の死を生まれる前に経験されました。

というのも、本当だったら2歳年上になっていた姉を死産で亡くされていたのです。

もちろんそのことを知らずに、ひろこさんはお生まれになりました。

それから33年後のこと。２００3年4月。桜が散った春のことでした。

ひろこさんは、お腹に新しい命を宿していました。

もし、そのまま生きていたら、17歳になっていたであろう次男。

そう。運命の歯車とは残酷なもので、ひろこさんは、ご自身の息子さんの死産も経験されているのです。

残されたのは、満開の桜を背景に、お腹の大きくなったひろこさんと旦那さん、そして長男が一緒に映った写真。しばらくは、桜が嫌いになったと言います。

こうも繰り返す運命を生きるひろこさん。

そこには故人からのどんなメッセージがあるのでしょうか。

＊

かげした　**お2人のお子様は今おいくつですか?**

相談者　19歳と15歳。大学1年生と、高校1年生です。亡くなった子供は、19歳と15歳の間に生まれてくるはずでした。

かげした　**真ん中のお子さんってことですね。**

相談者　はい。男の子だったんです。

かげした　**じゃあ、生きていれば男の子3人だったわけですね。その頃から、看護師をされていた?**

相談者　はい、今もです。自由な感じで働いています。

かげした　**素晴らしいですね。お子様の死産もそうなのですが、お姉様も亡くされているとか。**

相談者　はい、そうなんです。田舎が岩手県なんですけど、お盆になるとお墓参りに行くんですね。そのお墓に水子の地蔵があるんです。後ろに「しずか」という名前が書いてあって、それが姉の名前。かわいいお地蔵さんです。そのお地蔵さんに、母は昔からおやつをあげたり、お洋服を着せたり。母からも昔から、「ひろこのお姉ちゃんなんだよ」って聞かされていて。

臨月に亡くなったそうです。

考えてみたら、もし姉が生まれていたら、私は生まれてはいないかもしれない。

子供の頃からそう思い込んでいたところがあったんです。

かげした　そう思ったのはどうして？

相談者　自分が病気がちだったので。どこかでずっと人に迷惑をかけて生きているみたいな思い込みがあって。だから、「私はいないほうが良かったのかな」って思うこともありました。

かげした　小さい頃からずっと病気をお持ちだったのですか？

相談者　はい、喘息でした。よく救急車で搬送されて。

夜になると、発作で不安になって、入院して、苦しい思いして。

その病院で看病してくれる看護師さんが天使に見えました。だから看護師になりたいと。

今思うと、お姉ちゃんの存在があったからっていうのもあるのですが。

かげした　え？　お姉様と看護師さんとは、どんな結びつきが？

相談者　やっぱり、助けてあげたい、というのが。

かげした　それが、まさかひろこさん自身がお母様と同じ経験をされるとは。

相談者　はい。まさにです。次男がお腹にいる時、兄は1歳だったんですね。思い出の写真があるんです。私が臨月の時に、長男と夫と桜の木の下で写真を撮ったものがあって。それが、次男の生きていた証です。

かげした　唯一4人が揃った写真ですよね。

相談者　はい。桜の綺麗な公園で撮影したので、その季節になると思い出してしまって。

次男には、「つばさ」という名前をつけました。

通常、死産ってきれいなままで産めないことが多い中、ちゃんと経腟で出産できたんです。

まあ、それでも大抵の場合、子供を見せてもらえないケースが多いのですが。

かげした　ひろこさんは看護師だから、実際にお会いしてお別れされたんですね。

相談者　はい。逢いたかったし、一度、見ておきたかった。

顔を見たら、お兄ちゃんにそっくりで。

それからしばらくは、家の仏壇に骨壺を置いて。毎月、月命日になると「つばさくんの日だからね、つばさくんのおやつだからね」って、長男と三男と一緒にお供えものをして。

かげした　お母様と同じことを。

相談者　はい。お地蔵さんじゃないですが、つばさのメモリアルベアも作りました。

つばさが生まれた時は、１２００グラム。

臨月で１２００ぐらいしかないってことは、病気だったんですよね。

そんなつばさのメモリアルベア。命日の時には、そのクマちゃんを抱っこしてあげたり、一緒に寝たり。
結局、母と同じことをしていて、ハッとしたことがあって。

かげした　**どんなことを思われたのですか？**

相談者　自分たちの息子も私のその行動を見て、「僕たちはいないほうが良かったのかな」って思ってないかなって。三男に関しては特に。

かげした　**なるほど。ひろこさんが自分を責めていたように、三男くんも自分を。**

相談者　はい。それに、つばさの生まれ変わりって思っちゃいけないんだけど、三男のことをそう思いたいところもあって。
三男にプレッシャーをかけてなかったかなって、気になっています。

かげした　**分かりました。その辺りも、鑑定で探ってみます。**

相談者　あ、話は全然変わるのですが、実はつばさが亡くなってから、新しい家に引越したんですね。もともと決まっていたので。つばさの遺骨と一緒に、新しい家に住み始めることになりました。そこに義母と大ばあも同居していて。

この大ばあっていうのは、旦那の祖母に当たる人で、当時90代後半でした。

義母と大ばあがつばさの仏壇にお祈りする時、「つばさに謝っている」って言うんですよ。

かげした　なぜお2人は、謝られていたのですか？

相談者　それが、「死ぬのが私たちじゃなくて、ごめんなさい、ごめんなさい」って。いやいや、別にそれとこれは別の話だよ、と思いながらも、ずっとそんなやり取りをやっていて。

その度に、「謝んなくていいですから」って言うんです。だけど結局、17年もそれを続けていました。大ばあも、つばさが亡くなってから5年後に空へ旅立ちましたが、それまでずっと。

かげした　17年間！　なんだか胸が締めつけられますね……。

相談者　謝らなくていいのに。

かげした　でも、何だか、愛も感じますね。

相談者　そうですね。ウルッとくることもありました。感謝しかありません。

かげした　切ないと言えば切ないですけど、お義母様と大ばあ様なりの思いの表れだったのでしょうね。

では、つばさくんは、仏様にはなられたけどみんなに会っていた感じですね。

相談者　そうなんです。大ばあやら、おばあちゃんやら、お兄ちゃんやら。寂しくなかったと思います。

かげした　あたたかいご家族ですね。

少しひろこさん自身の話を聞かせていただきます。つばさくんがお腹にいらっしゃる時もひろこさんは、看護師さんとして働かれていた？

相談者　はい。結構、ハードワークで。時に、少しお腹が張ったりしても休まず働いていました。

長男の時、同じ生活をしていたので大丈夫かなって、子供の命を軽視していた気がします。

それで産休に入って、妊婦検診の時、「もう、亡くなっている」って言われて。
だから、あの時休めば良かったなって。

かげした　**なるほど。当時34歳でしたっけ？**
でも、一生懸命頑張ってしまうお年頃だったと思う。やりがいも感じて、されていたお仕事だとも思いますし。
ちなみに、つばさくんのお名前はお母様が決められたんですか。

相談者　はい。天使って感じがしたので。
あと、つばさの死産でくよくよ泣いていた時に、助産師さんがプレゼントしてくれた本があって。

かげした　**どんなタイトルの本ですか？**

相談者　『誕生死』という本でした。流産とか、死産とかを経験したお母さんたちの体験談が書かれた本なんです。その本を見て、亡くなった赤ちゃんはお空に行ったとか、天使とかって言うので、「つばさ」がいいな、って思って。

かげした　なるほど。天国へつばさを持って羽ばたいた。

相談者　はい。この子がいたという証です。

かげした　悲しむお母さんを見たり、思い出すお母さんを見たりするのは、子供としては辛い反面、

〝僕のこと、こんなふうな思いを持って見てくれているんだな〟って喜ばれていることと思います。

相談者　「子供は何人いるの?」と聞かれる度に、「3人」と答えるようにしています。

「実は、死産で1人亡くなっちゃって」と。

その時、「言ってくれてありがとう」と言ってくれる人もいて、救われます。

つばさのことでいっぱい泣きました。

かげした　泣いても大丈夫ですよ。涙を押さえ込むのってパワーが必要だから。そっ

ちのほうが消耗しちゃう。

相談者　つばさくんに聞いてみたいことはありますか？

もっと前だったら、「お母さんのこと責めてない？」とか「お母さんのこと嫌じゃない？」っていうのを聞きたかったと思います。

かげした　亡くなった当時はですね。

相談者　はい。でも、それから17年経って、「ありがとう」と思える部分もあります。

出産時、先生に言われた死産の原因は結局、「臍帯の過捻転」だったんですね。

臍帯の血流が途絶えていました。「それなのに、よく臨月までもった」って言っていて。

血流が途絶えていても、１２００グラムまで育ったのはすごいって。

そこまで頑張って生きていてくれたんだなと思うと、感謝しかない。

かげした　「感謝」という言葉に胸を打たれます。もし流産や死産で、昔のひろこ

さんのような、もしくはお母様のような経験をされたばかりの方が目の前にいらっしゃったら、どんなことを伝えてみたいですか。

相談者　「子供を亡くした会」みたいなところがあるので、そういう所に行って、話を聞いてもらって、どんどん泣いて癒せばいいのかな、と思っていて。とにかく、自分は絶対責めないでほしい。自分を責めると、すごく苦しいんですよね。

かげした　「1人で抱え込まないでください」ということですね。

相談者　ペットを亡くされた方も同じことだと思います。

かげした　色んな話をお聞きする中で、流産、死産を1人で抱えてらっしゃる方、非常に多いです。

ですから、ひろこさんのそのメッセージがたくさんの人に届けばいいなと思いました。

ところで、アンケートに、

「(ひろこさんの) お姉様とつばさくんは、何か伝えたい共通のメッセージ

があるのでしょうか？」と書いていただいていました。
このメッセージを星から読み解く上で、ひろこさんの育った環境をもう少し聞いておきたいのですが、お母様との関係で苦労されたとか？

相談者　はい。過干渉の母で。我が家は4人姉妹なんです。
父は単身赴任が多くて、帰ってくるのがお盆ぐらいだったんですよね。
だから母が4人の娘を育てている感じで。

かげした　それは大変ですね。

相談者　そんな中、母は田舎の小さな町の出身だったので、噂されることにやたら怯えていて。

かげした　世間体を気にされてた。

相談者　はい。高校時代、友達と夜に遊んでいると、「どこで遊んでたの？」と嫌味を言われることもしばしば。亡くなった姉の上にもう1人姉がいるのですが、その姉と比べられるのも煩わしくて。だから、今でも2日くらい一緒にいると、鬱陶しく思ってしまいます。

まあただ、私も母に似ているなと今では思います。息子たちへの接し方を見ると。見守っているつもりでいても、色々言っちゃうこともあって。あーでもない、こーでもない、と。

かげした　**やっぱり、お母様との共通点がおありですね。お子様が多いこともそうですし。死産のことも。**

相談者　そうですね。だから母が一番私の気持ちが分かるんでしょうね。

かげした　**なるほど分かりました。その辺りに関しても、星からのヒントがあれば読み解いてみますね。**

相談者　はい。よろしくお願いします。たくさんお話を聞いてくださり、ありがとうございます。

かげした　**こちらこそ、ありがとうございました。**

＊

人生の中で、大切な人の死を多く経験されているひろこさん。

そんなひろこさんだからこそ伝えられるメッセージがある。

そう考え、今回は占い師と相談者というより、私がたくさんのことを教えられる対談となりました。

〈ひろこさんとつばさくんの「星の配置」〉

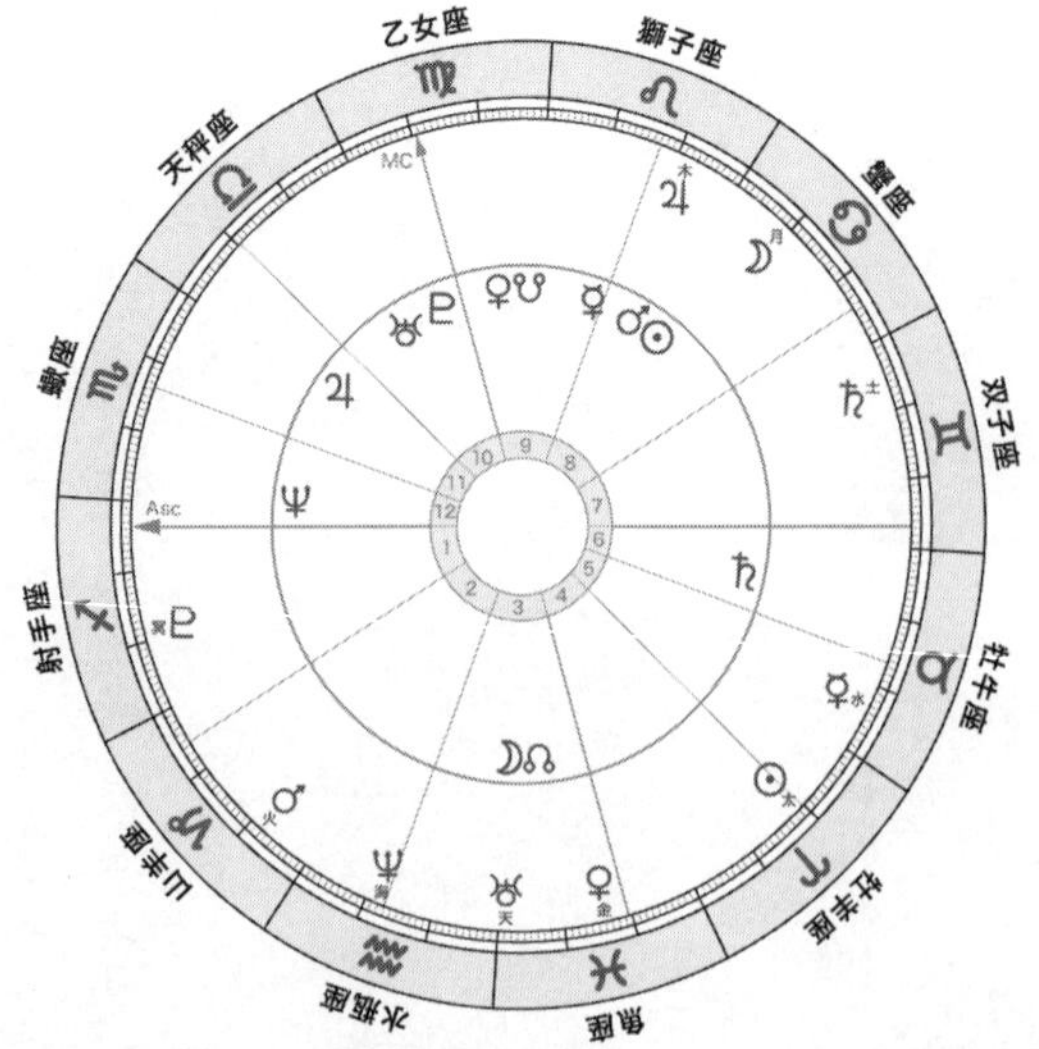

内側の円：ご本人の出生チャート（星の配置）
外側の円：故人の命日のチャート（星の配置）

<かげしたの星読みメモ>

誕生日星座：蟹座と命日星座：牡羊座＝天の川

・「N月」と「DD天王星」の固い絆：お母さんの肉体からお別れします。お母さんの優しさに抱かれた魂

・「N火星」と「DD木星」の固い絆：お母さんの情熱をもっと大きくするね

・「N冥王星」と「DD土星」の葛藤の絆：強いプレッシャーを伴ったことを物語るお別れ

・「N太陽」と「N海王星」の創造的な絆：見えない世界との繋がりを受け取る

※N＝本人・DD＝命日の星。

※これらの解釈は西洋占星術のセオリーをヒントにした独自の表現であることをご了承ください。

※今回は占星術を詳細にお伝えするのは本書の趣旨ではないため割愛させていただきますが、実際に鑑定させていただいた印として、鑑定時に使用した、チャート図（右図）とメモを掲載させていただきます。

ひろこさんの誕生日星座とつばさくんの命日星座を読み解くと、2人の絆は「天の川」。

この天の川において、故人は「あなたの過去に間違いなんて1つもない。でも、過去の辛い思い出や悲しい記憶がもしあるなら、私に預けて欲しい」と、そんなメッセージを残された人に投げかけています。

長い人生の中、なかなか次の一歩が踏み出せないこともあります。故人はそんな残された人の未来への行動にブレーキをかける「過去の記憶」を解放してくれようとしています。

鑑定を終え、つばさくんに抱いた印象は、

「彼の魂はたくましくて、冒険好き!」。

鑑定した私のほうまで元気をもらうような、そんなお人柄でした。

そして、ひろこさんとつばさくんの繋がりは、霊的に学びのあるチャートでした。「僕たちはもともと1つだよ！」というメッセージを、彼は「星の配置」を通して、一生懸命伝えてくれているようでした。

その感覚を少しでもひろこさんと、そしてこの本を読む皆様へお伝えできればと手紙を紡ぎました。

次のページで紹介するのは、私から実際にひろこさんへお渡しした天国のつばさくんからのお手紙です。

お母さんへ

いつも僕を忘れずにいてくれてありがとう。
お母さんの愛はしっかり僕に届いています。

まず伝えなきゃいけないのは、「僕は大丈夫だよ」ってことです。
少しの間だけだったけど、とっても優しいお母さんのお腹の中で育ててもらえて、
幸せな時を過ごしました。

僕はある日、大きな大きなまる〜い光からポコって、分けられました。
それから、お母さんのお腹に宿りました。
今はまた、まるい光の中にいます。だから大丈夫です。
お母さんのお腹は、

そのまるい光の中にいた時と同じように優しくてあたたかかったです。
そんなふうに、僕は無事に魂の旅を終えることができました。

お母さんは何にも悪くありません。おばあちゃんも何も悪くありません。
みんな精一杯、僕の誕生を心待ちにしてくれていただけだもの。

本当にありがとう。
だから、「大丈夫」ってことをまず伝えておきたいです。
「楽しみにしてくれていたのにごめんね」って僕のほうが謝らないといけないんじゃないかな。

でも、誰も悪くないですね。うん。大丈夫。

お母さんのお母さん……僕にとってのおばあちゃんも、昔、お母さんが生まれる前に見送った小さな魂がいたんだよね。

なぜ、おばあちゃんと同じことがお母さんに起こったか？

難しいことは僕には分からないんだけどね。

でも、それによってお母さんは、おばあちゃんと「優しさ」で繋がることができたんじゃないかな。

お母さんのお姉ちゃんも。もちろん僕も。

みんな、もともとは1つだったんだし、今もこうして繋がってるってことなんだ。

お母さんは、僕がお空に帰ってしまったことをずっと抱えたまま、他の兄弟たちに何かプレッシャーを与えていたんじゃないか？　って心配していたよね。

だけど、お母さんが僕の存在をみんなに伝えてくれたおかげで他の兄弟たちは僕をちゃんと兄弟にしてくれた。

兄弟の中に僕の居場所を作ってくれて家族の一員に迎えてくれてありがとう。

僕はとってもうれしかったよ。

他の兄弟たちもしっかりそれを受け入れてくれていた。だから大丈夫だよ。
お母さんはいつでもみんなに愛を与えている人だから。
何も心配しなくていいと思うんだ。

僕の存在がある分、他への愛を出し惜しみする人じゃないよ。
それはみんなわかってるから大丈夫。
お母さんもみんなからの愛を受け取ってね。

いろんなことを頑張ってきたお母さん。
僕のことを見送ることもあったし、人生大変な時もあっただろうね。
これまで、お母さんが抱えてきた荷物は全部、全部下ろしていいからね。
お母さんの選択にこれっぽっちも間違いなんかないんだって、受け取ってね。

なぜなら、お母さんには、今後、大切なお仕事があるからなんだよ。
それはもう知ってるよね。

お母さんは、僕を見送ってくれた。
看護師さんとしても人の命を輝かせたりしてきたよね。
いつも人一倍、「人が一生懸命生きて、一生懸命死んでいく」
ってところを見てきたはずなんだ。
だから、そういうお仕事があるんじゃないかな。
誰かが一生懸命「生きる」ことを全うできるように。

そして、誰かのこれまでの人生を敬いながら、見送る時が来たらそっと見送れる
ように、そんなお手伝いをする使命がお母さんには、あるんじゃないかな。
お母さんだから寄り添えること、できること、たくさんありそうだよ。

そのために、心の荷物は下ろして進んで欲しいんだ。

お母さんの大きな大きなあたたかい愛は出し惜しみしなくていいんだよ（しないと思うけど）。

僕はそんなお母さんを応援してます。

いつも大好きでいてくれてありがとう。家族にしてくれてありがとう。

「つばさ」という名前もありがとう。

とっても気に入ってます。その名前が今でも僕の「しるし」です。

そうそう。僕が天に帰る時、お母さんのお姉ちゃんが迎えにきてくれたよ。

僕もがんばります！　お話しさせてくれてありがとう。

つばさより

鑑定を終えて相談者と話したこと

鑑定で浮き上がってきたのは、ひろこさんの未来を力強く後押しするつばさくんの姿。

亡くなったとしても、親と子の絆は全く切れることはなかったのです。

肉体はお別れしたけれど、魂はひろこさんのそばに寄り添い続けてくれていたのです。

そうやって、ずーっとひろこさんをサポートし続けていたのです。

*

相談者　ちょっと思い悩んでいた時に、つばさからの手紙が届いて。だからか、すごく熱くなってしまって、読み終わった時には大泣きしていました。

かげした　**そんな時にお送りして、申し訳ないです。**

相談者　いえいえとんでもない。食い入るように見ました。何回も読み返しては「良かった〜！」って。

かげした　**ありがとうございます。私は「つばさくん」というお名前があるのが、とても良いなと思いました。死産された方って、お名前をつけないことも多いので。**

相談者　最初は「天使ちゃん」って呼んでいたんですけど、忘れられたら彼も嫌だろうし、と思って。お腹の中とはいえ、生きた証として名前をつけました。

かげした　**届いた日に悩まれていたとのことですが、差し支えなければ理由をお聞きしても？**

相談者　仕事でうまくいかなくて。それでこのままでいいのかなと悩んでいるところでした。

かげした　**なるほど。鑑定って、スラスラ書ける日と、そうでない日があるんです。**

送るタイミングも、何も意図してないんですけど、たまたまその方の結婚記念日に送るだとか、記念日に送るみたいなことが結構ありまして。

相談者　何かあるんですかね。「計らい」というか、タイミングみたいなものが。

かげした　はい。きっと、ひろこさんがモヤモヤしていらっしゃったことに対して、つばさくんが送らせたのかもしれないですね。

それでは具体的な話に移りましょう。

もともとひろこさんが持ってらっしゃる、生まれた時の出生チャートの月は魚座にあります。その月のすぐ横に「ドラゴンヘッド」というのがぴったり重なっているお生まれなんです。それは、ひろこさんとひろこさんのお母様の縁の深さを物語っています。

「月」は母性を象徴し、「ドラゴンヘッド」は縁の深さを物語りますから。

だから、お母様と同じ体験をされた。

相談者　え！　起こるべくして起こったと。

かげした　その出来事が絶対起こる！　ってわけじゃないのですが、それくらい、

相談者　すごくお母様との縁が深いってことを星は教えてくれました。
今、かげしたさんに言われて思い出したことがあります。
母の40代、50代が今の私の状況と似ているところがあるんです。
お母さんと同じ思いで働いているところがあるし、
私が子供の時に母が言っていたことを私もやろうとしているし。

かげした　誰でもお母さんとの間で学ぶことはあるんですけど、ひろこさんの場合、特にその傾向が強いです。というのも、その「月」は3ハウスというところにあるからです。

3ハウスというのは、ひろこさんにとっては「姉妹」を表すゾーンです。

正に、お姉様。亡くなられたお姉様を通じて、お母様からの影響や縁を感じる……そのままのことが星の配置に表れています。

だからこそ、お姉様のことは、ひろこさんがこの世での役割や天命を伝えるための何かしらの経験になっていると私は考えています。

そして、お姉様もつばさくんも、ひろこさんに、

「もともと僕（私）たちは1つなんだよ～。それが元に戻っただけだよ～」っていうことを伝えたがっているように思います。

相談者　もともと1つ？

かげした　はい。スピリチュアル的に言うと、「ワンネス」の世界観ですね。星の配置にも、お姉様とひろこさん、そしてひろこさんとつばさくんには、その星がすごく多かった。

相談者　2人とも？

かげした　はい。幼い2人の命は臨月までこの世にいらっしゃった。短期間だったけど確かにこの世にいたんですよね。つまり、「あの世」と「この世」の行き来をお2人は急速に経験された魂さんですね。

そして、その短い旅をお母様もひろこさんも見守られた。だから、お2人からすれば、「短い旅だったけど、この旅を経験させてくれてありがとう」なんです。言い方がふさわしいか分からないけれど、ホームステイ受け入れ先のお母さん、みたいな感じ。海外とかに留学する時のような。
もちろん、これは悲しいことなんですよ。悲しいことなんだけども、だからと言ってこの経験が無意味なことはもちろんなくって。

相談者　無意味なことはない？

かげした　おそらく、これからひろこさんがされていくだろう仕事に生かされる。人の生きるとか、死ぬとか、「生死」と向き合っていかれるお仕事をされていくんじゃないかと。どんなお仕事かまでは、分かりません。ですが、こういう感覚を知っているからこそ、伝えられることがあるはずなんです。

相談者　今まで「目に見えないもの」というのは、興味がなかったんです。ところが仕事で、「スピリチュアルペイン」という概念を知って。これは医療で議論されるテーマでもあるのですが、「魂の痛み」という意味です。

人が死ぬ前に、「ああすれば良かった」「こうすれば良かった」と苦しむことを、「スピリチュアルペイン（魂の痛み）」と言うみたいです。

そこから、少し私も心理の勉強をし始めました。

今は、「目に見えない力」を少し信じられるようになりました。


かげした　ひろこさんの出生時の「月」と「ドラゴンヘッド」は魚座のエリアにありますが、その魚座は、12星座で一番最後のサイン。いわゆるあの世に一番近いところにいるんですね。

だから、霊感があるないに関わらず、日常的に見えない世界と繋がっている人なんですよ。私には霊感がないから、想像できない世界なんですけど。

そのため、その能力を生かしてしまったほうがいいと思っていて。

ひろこさん自身もナチュラルに人の気持ちが分かっちゃう人じゃないかなって。

相談者　はい。まさに。

かげした　もっと言えば、人とビジネスするにしても一対一でしっかり絆や信頼関係を深く築くほうが得意ではないでしょうか。

相談者　これまで2つの職場を経験してきました。どちらの仕事も同じ職場に10年以上勤めていたので、すごくそれは分かります。

かげした　信頼を築くのが上手な方ですよね。見れば見るほど、占い師である私よりよっぽど見えない世界に縁がある人です。すごいと思います。お姉様からもそういう霊性みたいなことを学んだって感じですかね。お姉様とは「真っ白な紙」という絆で、ひろこさんがこの世で生きるために、色々な出会いをプロデュースしてくれてますね。しかも「真っ白な紙」の絆って、現実で実感する時は、結構時間差で出てくることが多いんです。だから、これからより強く、お姉様からのサポートが入るかもしれないですね。

相談者　かげしたさんとの出会いもそうなのかも。

かげした　うん、うん。お姉様が「縁を繋げる人」。そして、つばさくんは「お母さんの心の制限を取ってくれる人」なんですね。

「天の川」なので。「気にしなくていいよ。そのままでいいよ」って言ってくれている。

そうやって、2人でタッグを組んで、ひろこさんをサポートしている。

相談者　すっごーい！　嬉しい。

かげした　星を見ていると、お2人が相談しながら、サポートに入っているのが分かりました。

相談者　つばさからしたら、叔母ですからね。

つばさが天国に行った時に、「お姉ちゃんが迎えにきてくれた」ってメッセージ。

すごく、私はうるっときて。良かった、寂しくなかったんだ！　って。

かげした　そうです。寂しくなかった。お姉様が先輩としてつばさくんを受け入れて、天にいるお2人が繫がっているのを星の配置からすごく感じました。お手紙は、つばさくんになったつもりで書いているんですけど、私には霊能力も何もないので、星が頼りなんです。

相談者
この17年、最初は悶々として罪悪感もありました。

かげした
全然、謝らなくていいです。本当に。

ひろこさんが持ってらっしゃる星が、すごく優しいんです。

ふかふかしたクッションのような感じ。そりゃ、つばさくん、来たくなったよね、って。

魚座の月に、つばさくんの天王星がきっちり乗ってきてます（一般的には「繫がりが切れる」というニュアンスで解釈されますが、命日占い的な世界観では、月のふかふかしたクッションに向かって、違う次元から何かがやってきた、とも）。

だから、見送るにしても、すごく優しく見送っています。

それに、お腹に宿った時も、月って「女性性」「母性」「お腹」も表すので、まさにふかふかだったのだと思います。

相談者　立ち仕事だったので、妊娠しながらの仕事が本当にきつくって。張り止めの薬も飲んでいましたし、第1子のお兄ちゃんがまだ1歳の時にお腹にいた子だったから、無理をしてしまったという思いがあって。お腹の中も窮屈だったろうなと思っていたのですが、そんなことなかったんですね。

かげした　**大丈夫です。つばさくんの命日の天王星が、お腹の上に乗っている。ということは、これはあまり言いたくないことなのですが、「決めてきたんだろうな」って。**

「決めてきた」ってお伝えするのはあまり好きじゃないんです。不条理な感じがするので。それでも、星を見ていると、そうとしか思えない。

つばさくんは天に旅立つ時、「無事に旅を終えたよー」と言いながら、あの世へ帰っているんです。

相談者　「自分の命の長さ」をもともと決めていた。

かげした　**人は自分の寿命を予め決めて生まれてくるのか？　私には分かりません**

が、彼が自分の寿命を受け止めてるのは伝わってきます。それがすごく優しい感じで出ています。

なんだか、ひろこさんとの対談は、なぜかスピリチュアルな傾向が強くなりますね。

相談者　看護師さんって、スピリチュアル系の方、すごく多いです。

かげした　医療の現場にいらっしゃっても「何か分かっちゃうんだよね」という感覚で、やっていらっしゃったことがあるんじゃないかと。

これからのひろこさんもいいふうにしかならないと思いますよ。

相談者　すごい、嬉しい。色々悩んでも、結局最後は良かったと思えることが多いんですよね。これまでも。落ちる時ももちろんありますけど。

かげした　これから、星の流れ的にも、2022年以降はひろこさんの月がある魚座に宇宙の木星が巡ってきますので、そこからもっと拡大していくと思います。

だから、今はそのための準備だったりとか、土台固めだったりするのか

な、という感じです。そういう意味でも、いいふうにしかならないよね、
という言葉が出てきたんですけど。
つばさくんからのメッセージが何かヒントになればな、と思います。

相談者　ありがとうございます。とても勇気をもらいました。

＊

幼くして天に召される命のお話は、正直、私も心痛むものがあります。

様々なケースをお聞きしていますと、「誰にも辛さを打ち明けられなかった」「子供の存在をなかったことにしている」というお声もお聞きします。

しかしそれは自分の魂の一部を失ったまま生きることに等しいのです。

本当はご自身の心の中に、そのお子様の居場所があっても大丈夫。

さらに心の内を話せるような機会が必要だと思います。

ひろこさんのお話をお聞きしてさらに実感しました。

今回、鑑定をさせていただいたひろこさんは、死産でお別れしなければならなかった小さな命に「つばさくん」というお名前をつけました。

その上で、他のご兄弟になるお子様たちと共に繋がりを感じながら、この体験を乗り越えてこられました。

そうやって向き合うことで、時に辛さを思い起こすこともおありだったと思います。しかし現在、そこにあるのは、安心感で育まれた絆でした。


「亡くなった我が子のことをいつまでも引きずっていてはいけない」と無理やり心の中から忘れ去ろうと努力される親御さんにもお会いしたことがありますが、こんなに辛いことはないと思います。

悲しみは消えませんが、ひろこさんは「つばさくん」というお名前をつけることで、お母様として精一杯の愛情表現をされてきたのだなあと感じました。

そしてそれが天にいるつばさくんにもしっかり伝わっている、とも。

Chapter

6

こだま

こだま

生まれてすぐに旅立った父と私の思い出

「記憶にない父をどう愛すればいい？」

鑑定するにあたって相談者と話したこと

「こだま」の関係性で取り上げるのは、幼い頃に交通事故でお父様を亡くされた鈴木麻理恵（仮名）さん。

お父様が亡くなられたのは、28歳の時。

1歳の麻理恵さんと、お兄さんを残して、短い生涯を閉じました。

事故死というのは残酷なもので、ある日突然、大切な人の命を奪っていきます。麻理恵さんのお父様も、何の言葉も残さず、もちろん遺品もなく、この世を去りました。

私のところへ相談にやってきてくださったのは、それから50数年後のこと。なぜそんなにも月日が経ってから？　というのも、これまでの麻理恵さんの人生が説明のつかないことの連続だったからなのです。

＊

かげした　お父様の命日が、麻理恵さんがまだ小さい時だったとか？

相談者　そうなんです。1歳3ヶ月くらいでした。だから、私は父を知らないんです。

かげした　お母様とかご兄弟から聞いたくらいの感じですか。

相談者　うちの母にはなんとなく聞いちゃいけないような気がして……。あまり母とは話をしていないですね。

近所に親戚のように付き合っていたお家があって、その人たちから聞くことが結構ありました。


かげした　**なるほど。お父様、28歳で旅立たれたということで。若すぎる生涯でしたね。**

アンケートで、「会ってみたかった」と書いていただきましたが、そりゃそうですよね。

その後、不思議な体験を何度かされているとか？


相談者　あ、はい。父が亡くなってから何年か後に、うちの母が再婚したんですよね。

それで、父方の家と疎遠になっていて。

ちょこちょこ連絡はあったものの……親戚のように行ったり来たりがなくて。

再婚後も会っておらず、つまり私は父のお墓参りに行ったことがなかったんです。

多分、聞けば教えてくれたと思うけど、私も私で聞くこともなく。

そのまま私自身が、お父さんが空へ旅立った28歳になりました。

それで父のお墓参りに行こうと！　と思い立って。

なんとかお墓の場所を調べて、お墓参りに行ったんですよね。

かげした　**すごい行動力。**

相談者　当時、私は札幌に住んでいて、父のお墓があるのは、車で4時間くらいかかる釧路という町でした。

だから友人に「温泉おごるから一緒に来てくれないか」って誘ったんですね。温泉旅行の隙を見つけてお墓参りに行こうと企てたわけです。

1人だと心細いし、お墓を探せる自信もなかったので。

そしたら、ふとなんとなく購入したサマージャンボが当たって！　10万円！

かげした　**え、すごくないですか。**

相談者　だから、その10万円で、同級生を温泉旅行に連れて行きました。

かげした　それは確かに不思議な体験ですね。

相談者　お墓参りはどうだったんですか？

相談者　お墓参りは特に何もなかったんですよ。お墓の場所も分かったし、今度行きたいと思ったら、いつでも行けるなーって、呑気な感じで。ただ……。

かげした　ただ？

相談者　えっと、ここでこんな発表するのは少し気が引けるのですが、当時、家庭のある人と付き合っていて。たまたまお墓参りに行った後の秋に、その彼と2泊3日のドライブ旅行に行ったんですね。そしたら、その時に妊娠して。

かげした　そうでしたか。その時の子が、今の息子さん？

相談者　はい、早いものでもう26歳です。

実は、息子の父親にあたる人はもう亡くなっちゃっているんですけどね。

かげした　**息子さんは、自分のお父さんが誰かはご存知ですか？**

相談者　知っています。ただ、あんまり会話することもなく、息子が13歳で中学に入る年に亡くなりました。

かげした　**（お墓参りを機に起こったことは）サマージャンボで当選したことだけではなかったということですね。**

というか、サマージャンボはおまけですね。

相談者　何が大当たりなのか分からないって感じですけど（笑）。

かげした　**麻理恵さんとしては、当時、お子様が欲しいとお考えだったんですか？**

相談者　全然。妊娠が分かった時も、産むのが難しいと思ったくらいです。

かげした　**そうですか。でも、結果的に出産されたわけですね。**

相談者　彼は、「産みたいなら産んでもいいよ」って言ってくれて。

いやいや、でも迷惑かけるじゃない？　と思ったんですけど……。

ただ、結婚はいつでもできる。

でも、当時29歳でしたし、妊娠のチャンスはこれが最後かも！　と決意に至りました。

かげしたすごい決意。

相談者もちろん、1つの命を産むっていうのは責任重大なので、相当な覚悟を決めましたけどね。

かげしたドラマがあったんですね。ちなみに、その彼氏さんと麻理恵さんの絆を『命日占い』の書籍でご覧になられましたか？

相談者はい、見ました！「繋がる手」でした。

かげしたありがとうございます。そうですか、なんだか感慨深いですね。その息子さんは、今大きくなられて、お母様が産んだ時の年に近くなられているってことですね。

相談者そうですね。

かげした息子さんは、小さい頃のお話を何かされますか？

相談者あんまり細かい話はしていないです。ただ、普通の家庭じゃなかったんだな、というのは分かっていると思います。

実は、彼には異母きょうだいというのもいて。

かげした　**異母きょうだいということは……。**

相談者　彼氏が本妻との間に授かったお子さんですね。お嬢さんです。

うちの息子が初めて会ったのは、葬儀の時でした。

自分の父親の葬儀の時に、父親の友人と、内縁の妻と、異母きょうだいもいて、なんか普通じゃない葬儀を経験させちゃったな。

かげした　**でも、ちゃんと一堂に会するのは、彼氏さんの人徳のなせる業な気がしますけど。**

相談者　とても良い人だったんです。

かげした　**そんな感じが伝わってきます。**

相談者　でも、息子は一緒にお酒が飲みたかったって言っていました。

かげした　**彼氏さんが亡くなられた年って、ちなみにおいくつの時でしょうか。**

相談者　62歳くらいかな。今年で13回忌です。

かげした　すいません。彼氏さんの話に気をとられて、お父様の話をしなくては。少し戻します。

色んな方にお話を伺ってきて、お父様を亡くされた方はたくさんいらっしゃいます。だけど、ご自身の記憶にないお父さんってあまり私はお聞きしたことがないんです。

だからこそ、お墓参りのエピソードは、なんとなく見過ごせない感じがしました。

さらに、麻理恵さんに鑑定ご依頼時に伺っていたお話では、「父親的存在に守られたい欲求があるが、これから誰かに所属する勇気をなかなか持てない」ということを課題に感じてらっしゃるとか。

様々な想いと不安が入り交じっているということで、このことをもう少しお聞きしたいなと思いまして。

相談者　うーん、なんだろう。小さい時から大人の男性がそばにいなかったので、大人の男性に対する恐怖心があって。

でも、守ってくれるのは、やっぱりたくましい男の人なわけですよね。「大人の男性＝恐怖＝たくましい男＝守ってくれる人」という矛盾がずっとあるんです。

かげした　私を守ってくれるはずの男性が「怖い」っていう矛盾ですね。

相談者　だから、孤独だけど、1人のほうが楽かなーみたいな。

かげした　なるほど。でも、彼氏さんは怖くなかったんでしょ？　ちょっと年上だけど。

相談者　そうですね、穏やかな人だったので。

その前にもう1人お付き合いしている男性がいたんです。年も同じような感じで、でもタイプは全然違いました。暴力をふるうわけじゃないけど、言葉の暴力がすごくて。

男性と付き合うっていうのは、痛みを伴うことなのかなという勘違いが生まれてしまいました。

それからでしょうか。男性と付き合うと、同時に逃げられない恐怖とも戦わなくてはならなくなったのは。

かげした　**なるほど。そこから、両極の思いが入ってきたわけですか。**

相談者　結局は、がんじがらめの彼とは自然と終わりを迎えました。

それで、今の息子の父親（故人）と付き合って、世の中にこんな楽な男性もいるんだって思ったんです。ただ、楽は楽なりに手ごたえがなかったりとか、優しさは優柔不断と表裏一体だったりと、結局、不満は出てきてしまうわけです。

強引だけれど、責任感だけはすごくて、「黙って俺についてこい」っていうタイプの男性っていますよね。でも、故人である息子の父親は、その真逆。

「今日さ、友達の息子の誕生日なんだよね〜」って言ってくるんですけど、その日が、私たちの息子の誕生日の3日前で（笑）。

自分の息子の誕生日も忘れるようなおおらかな人でした。

かげした　**そこまで対極の男性と出会うなんて、すごいですね。**

相談者　上手に緩和された人だったら良かったんですけどね。極端な人たちだったので、大変ってイメージしかなくて、いまだに独り身です。

かげした　小さい時にお父様の影がなかったから、男の人がよく分からないってことはあると思います。だから、ただでさえ不安。なのに、極端な男性と出会ってしまったばっかりに、「男性ってなんだか怖い」と思い込んでしまった感じですね。

でももし、強さと優しさを兼ね備えた方、つまり、寛容でかつ逞しさもあって、みたいな人がいたらどうですか？

相談者　それなら、所属したい（付き合いたい）って思うのかもしれない。でも、今は全然想像もできないです。

かげした　それは、したくないというより、イメージが湧かないというほうが強い？

相談者　すいません、ちょっと分からないです。

かげした　いえいえこちらこそ。またもやお父様の話からずれてしまいましたので、

話を戻します。

相談者　麻理恵さんには、お父様のイメージがないわけですよね。ただ想像でもいいので、お父様がどんな人だったと思われますか？

かげした　写真でしか見たことがないのですが、真面目そうな人でした。

相談者　お父様としては、自分に娘がいたことはしっかり覚えていると思いますけど、お母様とはそのことについて話してないんでしたよね。

かげした　はい。多分、聞けば教えてくれるんでしょうけど、うちの母は状況に入り込むタイプで。思い出すと、過去に戻ってしまって、辛そうでしたので。

相談者　お母さんにしてみれば、娘さんを生んだ直後に旦那様を失ったのですから。これからって時に、亡くなったから不安だったでしょうしね。お父様に聞いてみたいことは何かありますか？

かげした　家族を残し、突然死んでしまってどう思っているのか？

そして、自分の子供たち（私・兄）を、今、どう思っているのか？　でしょうか。

今、何事もなく、普通に生活はしていますけど、そんな私を見てどう思っているのかな、と。

かげした　**今や、自分も到達していない年齢に子供たちがなったわけですしね。それでは、鑑定に移りたいと思います。**

相談者　**色々とオープンに話していただいて、ありがとうございました。**

はい、ありがとうございました。

〈麻理恵さんとお父様の「星の配置」〉

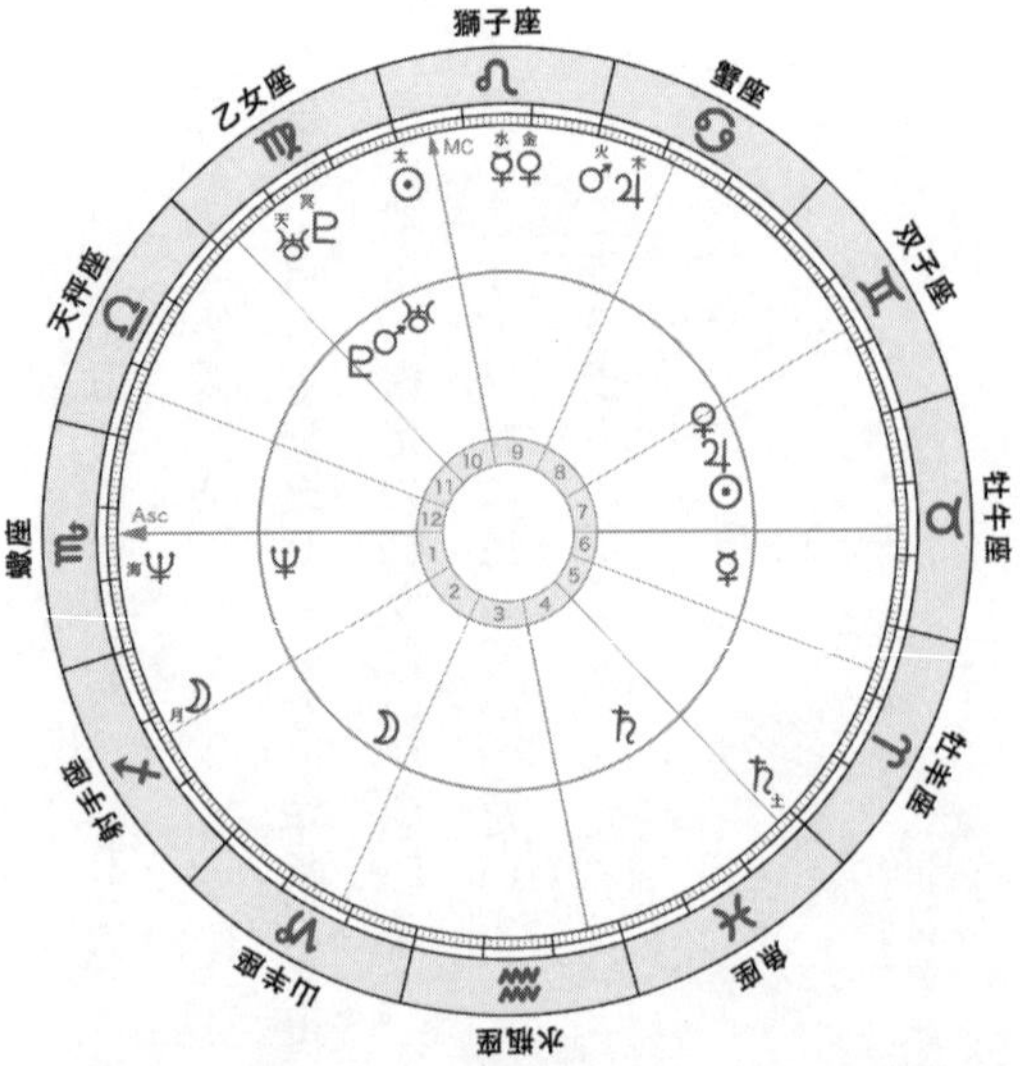

内側の円：ご本人の出生チャート（星の配置）
外側の円：故人の命日のチャート（星の配置）

<かげしたの星読みメモ>

太陽星座：牡牛座ー命日星座：乙女座＝こだま

・N９～10ハウスに集まるDD7つの天体：使命を生きるサポート
・「N土星」ー「DD土星」の固い絆（サターンリターン/生後間もない別れ）
・「N太陽」ー「DD土星」の活動的な絆：父の別れとともに宿るエネルギー
・N MCを捉える「DD太陽」：使命を生きるサポート
・「N土星」のサビアンシンボル：「ひらめきの流れ」
・「N土星/4ハウス」：父との別れ
・「N火星/冥王星」と「DD冥王星」の固い絆：男性性を受け継ぐ（息子さん）
・「N火星/冥王星」のサビアンシンボル：「家系図」
・「家系図」と「ひらめきの流れ」が向き合う（180度）：血縁から受け取る何か
・「N水星」のサビアンシンボル：「開いた墓の前にいる夫をなくした妻」　～「峡谷に橋を架ける」

※N＝本人・DD＝命日の星。
※これらの解釈は西洋占星術のセオリーをヒントにした独自の表現であることをご了承ください。
※今回は占星術を詳細にお伝えするのは本書の趣旨ではないため割愛させていただきますが、実際に鑑定させていただいた印として、鑑定時に使用した、チャート図（右図）とメモを掲載させていただきます。

麻理恵さんの誕生日星座と、お父様の命日星座を読み解くと、2人の絆は「こだま」。

このこだまの関係性では、残された人がお別れを機に「〝このままの私〟でできることってたくさんあるんだ！」と気づき始めます。

そして、故人は残された人のその決意に対して、「勇気」というこだまを返してくれるのです。

なお、麻理恵さんのお話の中で印象深かったのは、やはり「28歳の時、お父様のお墓参りに行った直後、息子さんを身ごもられた」というエピソードでした。何かしら見えない計らいが働いているとしか思えません。

そこで、いろいろな角度から麻理恵さんの出生チャートを紐解いていきました。

具体的には、個人的に普段はあまり鑑定には使わない「サビアンシンボル」という占星術のセオリーを取り入れてみました。

サビアンシンボルは、全ての星の位置につけられているタイトルのようなものです。そのタイトルが麻理恵さんの人生を表しているかのようでした。

「開いた墓の前にいる夫をなくした妻」「峡谷に橋を架ける」

「ひらめきの流れ」「家系図」

これらのシンボルが、故人との結びつきもある麻理恵さんの出生チャートの星から読み取れたのです。

解釈としてはストレートに「お墓の前に行くと、あの世との架け橋が架かる」。たまたま「お墓参り」するということがお父様との絆を思い出されるスイッチになったのでしょう。まさに、こだまのようにお互いの魂同士が呼応し合っているのを感じました。

次のページからは、実際に麻理恵さんにお送りした、お父様からの手紙をご紹介させていただきます。

麻理恵へ

「はじめまして」といったほうがいいかな。父です。

麻理恵が生まれてまもなく、私は天国に旅立つことになりました。

私にとっても突然のことで、多くの人にご迷惑をおかけしましたね。

麻理恵が生まれた時、大きくなったら、大人同士でどんな会話ができるだろう？と想像したこともありました。

だから、今こうして、私に話しかけてくれたこと、とても嬉しいです。

麻理恵を〝父親のいない子供〟にしてしまったことは、今でも悔やまれます。

でも、麻理恵はとっても立派に育ってくれました。

だから、こうして安心して天から見守っています。

私は、天に旅立つと同時に、麻理恵に多くのことを託して去っていきました。
私という人間が託した、というより、私の魂がそうしたかったのでしょう。
私は「私の生きた証」を残したかった。
それが私の人生において1つの役割だったのかもしれません。

そして、麻理恵にとって、幸せの源泉になるようなものとして、何かを残したかったのです。

しかし、私1人がそう望んだことで、何かが起こるわけでもありません。

あなたが立派な大人になった時、麻理恵は愛する人と出会い、愛し愛されるということを体験しました。

そんな、麻理恵の力と私の思いが聞き入れられたのでしょうか。

あなたには新しい命が授かりましたね。

私が生きた証を、麻理恵の「幸せの源泉」として、引き継ぐことができました。

本当にありがとう。

あの時、色々ありながらも精一杯の選択をし、身ごもった命を生み育てた麻理恵を誇りに思います。それがどんなに嬉しかったか。どんなに素晴らしいことか！

麻理恵はいつも「愛」に一生懸命で相手をまるごと包み込んでしまうような、そんな愛を与える女性です。本当に素敵な大人になりましたね。

麻理恵は「お父さん」のことを知りませんよね。

でも、お父さんはあなたが小さい時から、ずっと、あなたと共にいます。

麻理恵が泣いたり、笑ったり、愛に悩むときも、誰かと語り合い、笑い合っている時も……。そばを離れたことはありません。

麻理恵は、お父さんを知らないけれど、お父さんは麻理恵のことをとってもよく知っていますよ。

麻理恵は、本当に愛する力がある女性です。母としても女性としても。

そして、もちろん深く深く、愛される人でもあります。

でも、実は不器用でもあります。それをいつでも忘れないでください。


自分の欲しい物を、もっと望んでもいいし、受け取ってもいいのですよ。

麻理恵にはそれだけの価値があることをいつでも思い出してください。

麻理恵が自分を幸せにする力を発揮する時、そこにお父さんからの愛が合わさり、なにか幸せなことが生まれます。

それを覚えておいてくださいね。愛する娘。麻理恵へ。

天国のお父さんより

鑑定を終えて相談者と話したこと

かげした　**お手紙読まれていかがでしたか？**

相談者　ちょうど、お昼を食べながら読みました。
ですが、1行目を読んだだけで、ドバーッと泣いちゃいました。
自分の記憶の中に父親という存在がいないので、今回の鑑定を通して、「お父さんはこういう思いなんだよ」ということを伝えていただき、とても嬉しかったです。

かげした　**良かったです。**

相談者　きっと自分が引っ掛かっていた部分でもあるのかなとも思いますし。

かげした　**引っ掛かっていたというのは？**

相談者　結局、自分自身が、「大人の男性」と付き合うということがよく分からなくて。

だから、男性と信頼関係を結べなかった。

「無条件に愛される」というのは、こういうことだよってことが分からないんです。

かげした **なるほど。そういうことですね。**

相談者 人とはどこか距離を置いてしまう。父の手紙を読んで、そのことになぜか妙に納得しました。

かげした **麻理恵さんの中に「どう埋めたらいいのか分からない」みたいな空白の人生があったように思います。お父様とのことも含めて。今回お父様は、その空白を埋めにかかっている感じです。**

相談者 埋めにかかってる感じ……？

かげした **そう、ここにいます。ちゃんと繋がっています、みたいな。良い意味での圧を、私は感じていました。すごい、存在感がおありでしたよ。**

相談者 そうですか。

かげした　私は、聞こえたり、視えたりする人ではないんですけど、星を通じて、そのことがはっきりと。

男性は怖いものでもなく、信頼できないものでもない。

もちろん世の中にはそういう人もいるだろうけど、麻理恵さんの魂は、大切に思う人とはちゃんと安心感とか、優しさとかで繋がることを知っているんですね。

だけど分からなくなっていた。

もう1つ麻理恵さんに起こっていたことは、理想のお父さん像をパートナーに求めていたってことが考えられます。

相談者　え？　パートナーに父親像を？　父親の記憶すらない私ですが。

かげした　良い悪いは別として、誰でも女性は理想のお父さんをパートナーに求めるものなんですね。
例えば、「だらしない父親」を見ながら育った人は、真面目さをパートナーに求めます。もしくは似たようなタイプを求める場合もあります。

いずれにせよパートナー選びは、「お父さん基準」になるんです。
でも、お父さんと付き合いが長い人だと、だんだん区別していくんです。
これはパートナーであって、お父さんではない。だから、比べる必要はないんだ、というふうに。
ところが、麻理恵さんには父親像の実体がありません。それがゆえ、極端なパートナー選びになっていたのかなと。

相談者　あーなるほど。それで私の恋愛は激動なわけですか。

かげした　だからまずは、麻理恵さんの中で、点線になっている「お父さん像」を実線で結ぶ必要があります。

相談者　全く父親の記憶がない私の場合はどうすれば？

かげした　安心してください。麻理恵さんの記憶にはなくても、麻理恵さんの潜在意識の中にはちゃんと残っています。だから、麻理恵さんの内面の世界で、繋がれば良いんです。

相談者　繋がるも何も、具体的なお父さん像が全く湧かないですね。

かげした　心の中でお父様と繋がることをイメージしながら、あとは自由に自分が思う理想のお父さん像を描いていただいていいのです。それが「正解」ってことになるのですから。

相談者　親から、「あなたの父親はそんな人じゃない」とか、逆に、「そういう人だよ」って言われたことがないので、パートナーを介してその確認がしたかったのかな。

かげした　そうかもしれませんね。詰まる話は、お父様が麻理恵さんに言いたいことって、この一言に尽きると思うんです。

相談者　え？　なんですか？

かげした　「どんな選択でも、麻理恵が幸せなら、それでいいよ」って、ただこれだけなのかなと。

それにお父様との関係「こだま」。これは、お互いが自立し合って響き合うという関係性なので、お父様は尊重していると思います。

相談者　勢いで色々やってしまうタイプなので、最終的に死ぬ覚悟ができたら、あとは何やってもいいんじゃない？　と思っています。

かげした　**あははは。徹底的ですね。**

相談者　だから「子供を産む」って決めた時も、この子が悪さをして人を殺めたりした場合は、私がこの子を殺して自分も死ぬと覚悟しました。

かげした　**すごい覚悟。実際どうですか。成長された息子さんを見ていて。**

相談者　本人は自由に生きているみたいなので、あまり口出しをしないようにしています。

18歳で大学へ入った時に、さらに自分の責務は全うした気がしました。ですから、最近は出産したことすら忘れることがあります。

かげした　**あははは。面白いですね。麻理恵さんと息子さんの星も見させていただきました。**

麻理恵さんも息子さんも不動宮（固定宮）で、良くも悪くもマイペースです。

だから、「お前は自由にやって、自分で責任を持って生きなさい」くら

いがちょうどいいです。うまく独立されているんじゃないかと思います。

相談者　今は、寄生虫のように寄生されてますが（笑）。

かげした　息子さんとお父さん（麻理恵さんにとっての恋人）との関係を見てみると、亡くなったお父様が後押ししてくださっている感じですよね。実のお父様から引き継いだものを、すごく持っていらっしゃいます。これからは、託されたものに気づきながら、歩んでいかれるんじゃないかな、と思いますね。

息子さん自身も、「お父様の不在」と、良い意味で向き合いながら、自分を形作っていく、という感じです。

今回、普段の鑑定では使わないんですけど、なぜかピンときて、「サビアンシンボル」という占星術のセオリーを入れてみました。

そうしましたら、「お墓」という言葉が。

正直、そのまんますぎて、どう解釈していいか分からない。

それぐらい、お墓参りに行かれたエピソードは、すごく意味があったと

いうことです。

相談者　お墓参りかあ。今、当時を思い返しています。なぜ唐突にお墓参りに行こうと思ったのかを。それで、「そういえば！」と思い出したことが1つ。当時、付き合っていた人と別れた直後だったんですね。だから気分転換のためであり、「男性」というポジションが空白になったので、〝何か〟に頼りたかったのかなと。

かげした　そう考えると、父に呼ばれていたのかもしれませんね。

ちょうど、お父様が亡くなられた年齢と同じぐらいに行かれたんでしたよね？

相談者　はい。そうですね。

かげした　**占星術的に誰もが30歳前後は、一人前の大人になろうとする星の配置になります。**

だからその頃って、すごく父性が欲しいんです。女性性だけじゃなく、社会的な人間にもなっていかなきゃならないから。

だから、父性というか、男性性を求めるんですよね。

そういう理由で、占星術的に考えても、お墓参りはすごく納得。

相談者　ほお！　すごい！

かげした　決められていたかのごとく。だから、お墓参り自体が大事というより、父性を求めてお墓参りをしたことで、一旦「お父様」という「形」を手に入れられた。

お墓参りの目的はこれじゃないかなと思います。それが、即「新しい命」に繋がった、ということですかね。

麻理恵さんのお父さんは「こいつは不器用で……」とおっしゃっていました。

それは単なる「不器用」というよりも、分かりすぎるがゆえの「不器用」なんです。

人の気持ちを汲みすぎることありませんか？　つまり、人の気持ちが分かりすぎるから、「立ち入りすぎないようにしよう」と距離をわざと取る感じです。それで結果的に不器用になってしまう。

相談者　分かる！　そうなんですよね。

かげした　優しさがある人だからね。

相談者　逆に、ここまでやるなら、もっとやってあげたほうがいいだろうって、相手が求める以上のことをやってしまうこともあります。それでいつも自分がスカスカになっちゃう。

かげした　もともと持って生まれたパーソナリティの中に、色んなものを無意識に受け取ってしまうところがありますよね。感度の良いアンテナのように。察する能力が高い方なので与えすぎちゃうことがあるかもしれませんね。よく言えば愛で繋がるってことですけど。

相談者　そうなんです。広いんです。見えすぎちゃうんです。

かげした　まあ、それも才能の1つですけどね。誰もが見えるわけじゃないので。

相談者　目を瞑れればいいのですが、瞑れなくて。

かげした　「ゆだねる感じ」を大事にしてみてください。何か知らないけど、任せた！　みたいな。そういう勇気が必要な時もあります。

相談者　はい、でもなかなか簡単なようで、難しくて。

かげした　代わりに祈ってあげたらいいと思います。祈ることも立派な行動です。そして、あとは相手の人生を信頼するだけです。「あなたは、あなたでちゃんとできる！」と。

「私は今、色んなことを受け取りすぎて、アンテナがいっぱい。だから、アンテナをオフにします」でいいんです。

それでも、どうしても相手の課題を背負っちゃいがちな時。そんな時は、敢えて自分に言い聞かすように口に出して「これは私の問題ではない」と言って欲しいです。つまり、相手の罪悪感まで背負わなくていい。

あとは、自分が心地良いこととか、ワンちゃんのこととか、今、目にしていることだけに、集中しましょう。つまり、五感で感じているものだけに集中するのです。

頭の中で考えていることとか、想像上で心配していることは、思いきって切っちゃっていいと思います。

相談者　今、とても楽になりました。

かげした　あー、良かった。お父様は「それも含めて不器用だよ」とおっしゃっているんです。

もっと自分のために生きていいんですよ!

相談者　とっても楽になった。今日はありがとうございました。

かげした　こちらこそです。お父様からの愛を、私もいただきました。

お父様の居場所を、心に抱きながら。

相談者　はい、距離が近くなりました。

＊

後日、麻理恵さんからいただいた手紙にこんなことが書いてありました。

「今回の鑑定を受けて一番感じたことは

〝私にはちゃんと父がいたのだ〟という安心感でした。

ずっと、妊娠したことをあれでよかったのか、と自問自答する日々でしたが、父からのプレゼントだったのだと分かり、スッキリしました！」と。

父から、娘へ。そして、その息子へ。

命のバトンは続きます。

実際に接していなくても、命の絆とはそんなことで切れることはなく、影響を与え続けていくものなのです。

Chapter 7

合奏

合奏

ハンディキャップを持つ私の一番の理解者だった祖父

「天国で一緒に泣き、一緒に笑っているよ」

鑑定するにあたって相談者と話したこと

「合奏」の関係性で取り上げるのは、高校生でおじいさまを亡くされた現在23歳の女性・鈴木友子さん（仮名）。

おじいさまは最後、認知症を患い、孫のことすら忘れてしまわれました。

実は、友子さんは「発達障害」というハンディキャップを持って、この世に生まれました。そんなこともあって、幼少期からずっとそばにいてくれた、おじいさまの死。

子供の頃、よくフエラムネとミスタードーナツを買ってくれた優しいおじいさま。

今でも、その2つが売っているのを見ると、懐かしいような、悲しいような気持ちがこみ上げてくると言います。

*

かげした **友子さんは現在、23歳ということで。命日占いのご相談に来られる方の中ではとりわけお若いです。**
おじいさまが亡くなられたのは、今から8年前でしたっけ？

相談者 はい。私が高校生の時に旅立ちました。

認知症になっていたので、最後は、忘れられたのが悲しかった。

最初に忘れたのが、「私の母」のこと。どんどん周りのことが分からなくなっていきました。

最後まで残ったのが私でしたが、結局、私のことも完全に忘れてしまって。


かげした　**お孫さんの力は偉大なのかもしれませんね。**

私も祖母が認知症だったので分かります。最後はそんな感じだったので、懐かしく思い出していました。

「故人に聞いてみたいこと」の1つに、

〝私の障害のことで辛い思いもさせた。私はおじいちゃんに頼りすぎて、甘えすぎてしまった。〟と書かれていらっしゃいましたが。

相談者　私、生まれつき「発達障害」っていうハンディキャップを持っているんですね。正確に診断が下ったのは小学生の時ですが。
だから、常日頃から、他人に迷惑をかけて生きているという自意識があるんです。
そんなこともあって、手がかかるから、弟が生まれる時、私はずっとおじいちゃんに預けられていたんです。

かげした　**なるほど。だから、おじいさまへの思い入れが特段あるわけですね。**

相談者　はい。さらに私、高校1年生の時に大きな失敗をしていて。

かげした　**大きな失敗？**

相談者　全寮制の高校に入学したんです。でも馴染めなくて。
だから、県外の学校だったんですけど、地元に帰ってくることが多くなりました。
その頃です。おじいちゃんが入院したのは。だから私、おじいちゃんの病室にずっと逃げていたんです。
もちろん車がなかったので、母親も一緒なんですけどね。
おじいちゃんに最後まで頼りっきりだったな。

かげした　**失敗……でもそれっておじいさまからしたら、嬉しかったんじゃないで**

すかね？

相談者　そうなんでしょうか。まあでも本当に私の味方でしたからね。心からの理解者でした。真面目におじいちゃんと結婚するとすら思っていました。

かげした　まぁ！　それはおじいさま、喜んでいるでしょうね。そんなおじいさまに育てられて、でも友子さんは、自分の存在が迷惑だったんじゃないかと心配されている。だから、おじいさまは友子さんといて苦しくなかったか、聞いてみたいわけですね。

相談者　はい。そうです。

かげした　小さなことでも何でもいいんですけど、今、パッと出てくるおじいさまとの思い出ってありますか？

相談者　えっと……、あのー、フエラムネって分かりますか。穴が開いていて、息を吹くと、笛が鳴るラムネ。

母が仕事の日は、決して近くに住んでいるわけではないのに、3歳下の弟と私を保育園まで迎えに来てくれて。フエラムネを吹きながらみんなで家に帰るのが日課でした。

おじいちゃんが迎えに来る日は、絶対にミスタードーナツも買ってあって。

かげした　**微笑ましい。フエラムネとミスタードーナツ。おじいちゃんを思い出す一品ですね。**

相談者　はい。だから今でも、スーパーで売っているのを見つけると、おじいちゃんの顔が脳裏に浮かびます。

おじいちゃんの存在は本当に私の中で、大きいですね。だから穴がぽっかり空いたような。

かげした　**でも、逆に言えば、おじいさまが亡くなられてから何年もその状態で、友子さん頑張ってきたってこと？**

相談者　そうですね。今も一般企業で働くことが難しい人のための福祉サービス・

B型作業所で働いています。

でも、いずれはカメラとか、粘土とか、絵とかアート活動をしていきたくて。

かげした　**作品作りがお好きなんですね。お金も稼ぎながら、夢も追いかけられてすごいです。**

相談者　ただ、「稼ぐ」と言っても、少額です。

かげした　**なるほど。でも、すごいと思います。それは、おじいさまも応援していらっしゃるでしょうね。**

相談者　おじいちゃんが亡くなった頃は、作品作りばっかりしていました。オリジナルキャラクターをたくさん作ったのですが、どれも悲しい顔をしていて。

かげした　**そうでしたか。絵を描くのが特にお好きですか？**

相談者　そうですね。写真には挑戦って感じで、普段、基本的には絵を描いています。

かげした　いろいろと才能がおありなんですね。そんな中でも、友子さん、人間関係で悩まれているとか？

相談者　はい。人と関わるのが、非常に苦手で……。好きな子には、必要以上に距離を縮めちゃうし、嫌いな子には完全にシャッターを閉じてしまう。極端なんです。

かげした　そうですか。そんな時は一番の理解者だったおじいさまのことを思い出しちゃいますよね。あ、そうそう。「おじいさまが夢に出てくる」って話もアンケートで書いていていただいていましたね。

相談者　はい。おじいちゃんが、月1のペースで夢に登場するんです。でも、その時のおじいちゃん、いつも金色に輝いていて！　例えて言うなら、菩薩みたいな感じです。だから全く怖くなくて。むしろ神々しい。

かげした　そんなおじいさまを見ている時、友子さんはどんな気分ですか？

相談者　見ている時は、「帰ってきた」って感じがします。

かげした　あ、家だ、みたいな。帰るべきところに帰ってきたような気分ですね。

かげした　友子さん自身が帰ってきたって感じかな。

相談者　そうです！　それこそ、自分の居場所に帰ってきたみたいな感覚。

かげした　では、夢を見ながらホッとした感じを味わっている？

相談者　はい。まさに。起きたら絶対に泣いています。

かげした　それは、例えて言うなら、どんな涙ですか？

相談者　戻ってきちゃった、みたいな。

かげした　戻ってきちゃった？　現実に？

相談者　はい。

嬉しいけど、切ないわけですね。

夢っていうのは、「あちらの世界と繋がる」と、よく言われます。だから、実際におじいさまと再会されているんでしょうね。

おじいさまは夢の中でどんな表情をされていますか？

相談者　後ろ姿が多いんですよ。

かげした　でも、はっきりと後頭部が見えます。

そんなにはっきりと覚えていらっしゃるなんて、珍しいです。

相談者　「夢で会いたいのに、会えないんですー」みたいなお話のほうが多いですよ。

かげした　友子さんがもともと繋がりやすい人なのかもしれませんね。

相談者　何となく、心当たりはあります。

かげした　心当たりはあるんですね。ではそうなんだと思います。寝ている間、霊的なところに行かれているのでしょう。

相談者　一度、夢を見ながら泣いていたらしくて、父親に「うるさい！」と起こされたことがあります。

「お前、大丈夫か？」と。

かげした　それは、大体いつ頃のお話？

相談者　おじいちゃんが亡くなってすぐだったと思います。

はっきりと覚えてるんです。その時のできごと。

かげした **その時おじいさまは、神々しい感じで出てこられた?**

相談者 そうですね。今よりかは輝きは薄いんですけど、光ってはいました。

かげした **ちゃんと天国にいらっしゃる感じ?**

相談者 私の頭の中では、冥界っていうのが存在していて。だから、おじいちゃんに何か聞けるなら、おばあちゃんに会えたか、聞いてみたいです。私が1歳の時に亡くなったおばあちゃん。

かげした **あとは、何かおじいさまに聞いてみたいことはありますか?**

相談者 よく、星を見るんですよ。それでたまに直感で、「あれっておじいちゃん?」と思う星があるんです。あれっておじいちゃんなんでしょうか?

かげした **返事してくれた感じがあったんですね。それも聞いてみます。他に何か聞きたいこととか、ありますか?**

相談者 あ、あと、おじいちゃんは悲しくなかったのか。

かげした　それは、どういう発想で出てきた質問ですか？

相談者　何となく、ずっとそう思っていて。

実は、交通事故で友人を亡くしているんです。小6の時です。

かげした　それは友子さんの話？

相談者　はい。お友達は、私たちのクラスメイトの中からいなくなってしまったけど、その子からすれば、「一気にみんなを失った」。

おじいちゃんの時もそれが浮かんで。私はおじいちゃんを亡くしたけど、おじいちゃんは、私を失くした。

かげした　おじいさまから見ると確かにそうですよね。それも聞いてみましょう。

ただ、故人の方々は思い出してもらうことで、喜んでくださっていると思いますよ。

「友子さんの心の中に、私がいるわ」って。

相談者　あ〜、とっても嬉しい……。

かげした　そのお友達も本当は地上で成長したかったはず。だから今、友子さんが

成長しているのを見て、自分も天国で頑張ろう！　って思っていますよ。それこそお墓参りに行けなくても、こうして思い出してくれるだけで喜んでいらっしゃるはずです。

友子さんのおじいさまとも向こうの世界で繋がっていらっしゃるかも。

だからこそ今、この話になったのかもしれません。

それでは続きは、鑑定をさせていただいてからお話しできればと思います。

相談者　はい。たくさんお話聞いてくださりありがとうございました。よろしくお願いします。

＊

感受性の豊かな友子さん。

なんだか、鑑定する必要もないほど、空に旅立ったおじいさまとの新しい関係を築かれている友子さん。

2人の星の関係性から、どんなメッセージが降りてくるか。
私自身もとても楽しみな鑑定となりました。

〈友子さんとおじいさまの「星の配置」〉

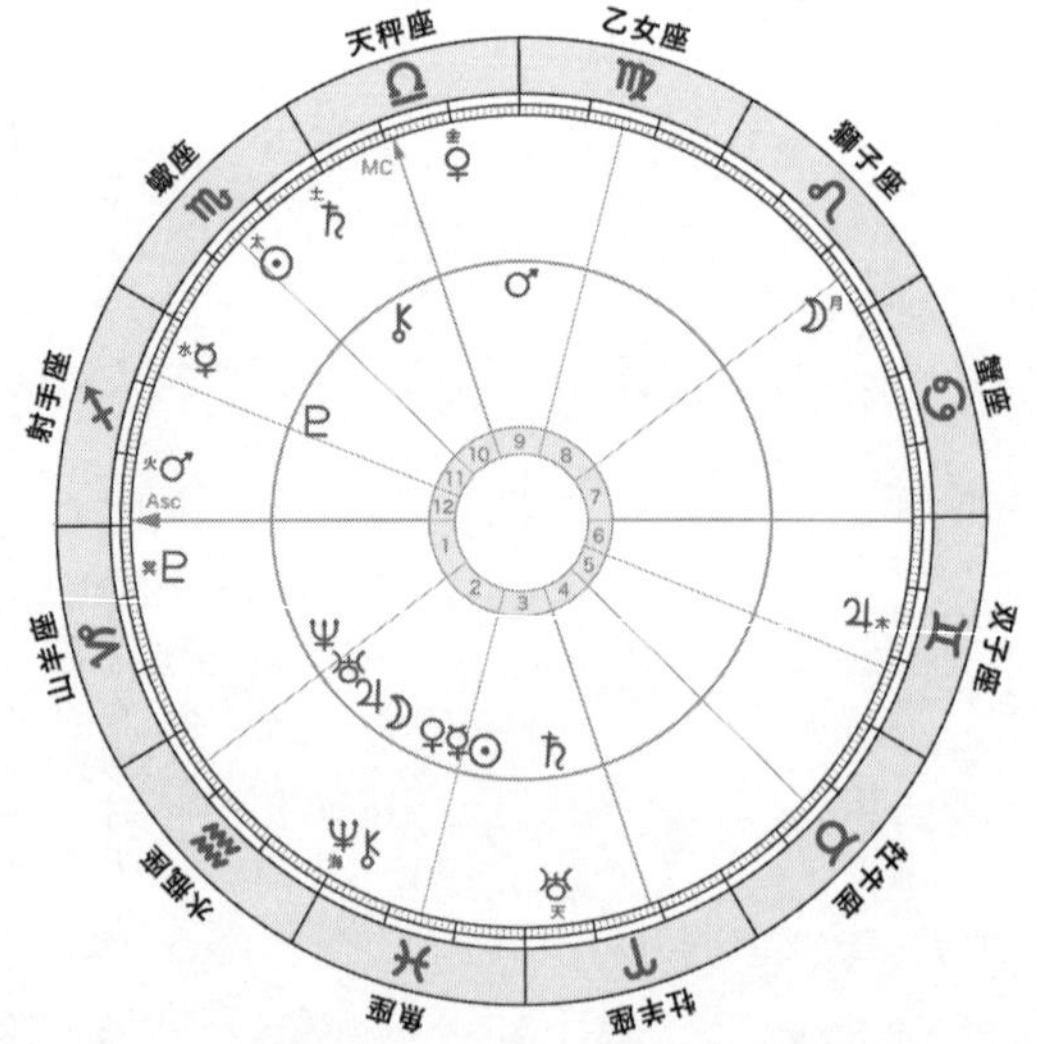

内側の円：ご本人の出生チャート（星の配置）
外側の円：故人の命日のチャート（星の配置）

<かげしたの星読みメモ>

誕生日星座：魚座ー命日星座：蠍座＝合奏

・「N金星」と「DDカイロン/海王星」の固い絆：持って生まれた魅力、才能に気づいて！
・「N冥王星」と「DD水星」の固い絆：死生観をノックする
・「Nカイロン」と「D土星」の固い絆：傷を乗り越えよ。乗り越えられる！
・「N土星」と「DD冥王星」の葛藤の角度：限界を超えていける！
・「N土星」と「DD天王星」の固い絆：常識を超えていける！
・NのASCが「DD火星/冥王星」の中心軸となる：今辛くても大丈夫（努力サポート軸）

※N＝本人・DD＝命日の星。
※これらの解釈は西洋占星術のセオリーをヒントにした独自の表現であることをご了承ください。
※今回は占星術を詳細にお伝えするのは本書の趣旨ではないため割愛させていただきますが、実際に鑑定させていただいた印として、鑑定時に使用した、チャート図（右図）とメモを掲載させていただきます。

友子さんの誕生日星座と、おじいさまの命日星座を読み解くと、2人の絆は「合奏」。

この「合奏」においては、お別れをきっかけに、本来の「心の感度」を閉ざしてしまうことがあります。

しかし、故人は一旦閉ざした感情や感性を少しずつ開き、心震える体験をさせることで、残された人の「心の感度」を再度開かせようとします。

残された人が自分の気持ちや感情を大切にするほど、故人の魂の調べと合わさって「合奏」となり、人生に新しいハーモニーを生むのです。

おじいさまからのメッセージを紡がせていただき、とても大きな愛とあたたかさを。

そして、「大丈夫だよ。安心しなさい」というエネルギーを受け取りました。

友子さんに鑑定としてお渡ししたのは、天国にいらっしゃるおじいさまからのお手紙。

次のページで紹介するのは、私から実際に友子さんへお渡しした天国のおじいさまからのお手紙です。

友子へ

友子。いつも見守っていますよ。
どんどん大きくなる友子を見て、おじいちゃんも嬉しく思うよ。
おじいちゃんが天国に旅立って、数年がたったなあ。
友子なりに、色々悩んだり、弱気になったり、したこともあったろうに。
おじいちゃんがもっと長生きできとったらなあ、と思うこともあるよ。
でもな。友子はしっかりしっかり成長している。
だから、おじいちゃんはなんにも心配してないですよ。

友子がもっと甘えてくれるのが嬉しくてずーっと長生きして、そばにいたかったけどなあ。

今日は、友子に伝えたいことがある。

友子はな、強い子だよ。

お前は強い。

友子は強くて、大きな力を持ってる。

そんじょそこいらの子供と一緒にしてもらっちゃ困る。

それがどういうことか？　分かるかな？

自分の弱いところも、ちゃーーんと受け止められる強さを持ってる。

そして自分のいろいろな感情をしっかり受け止められる器も持っているってこと

だよ。

もちろん誰かの気持ちや、誰かの弱さも受け止めることができる。
そういう子に育ってくれておじいちゃんは本当に誇りに思う。
友子が小さい頃、他の大人は分からなかったかもしれないけど、
私にはそれが分かっていたんだよ。

将来、友子が、そういう人間になることが分かっていたんだよ。
だから、せめておじいちゃんが生きている間だけでも、
友子の弱いところも、強いところも、ありのまま全部受け止めてやりたかったんだよ。

だから、今こんなふうに成長してくれている姿を見せてくれて本当にありがとう。

私はとっても感動していますよ。今日は、その気持ちを伝えたかったんだよ。

友子。もっと自信を持っていいんだよ。
友子の人生はこれからずっとずっと続いていく。

そしてこれまで友子自身が限界と思っていた壁をどんどん超えていくことになる。

一見、「傷」に見えていたものが素晴らしい才能だったことに気づくこともあるだろう。

友子は自分の気持ちを誰かに伝えるのが苦手なところがあるな。
でもそれは、相手の気持ちが分かりすぎて、どうすればいいか分からないだけなんだよ。

「相手のことが分かる」

これは友子の素晴らしいところだよ。

ただ、色々なことを受け止めすぎて、分かりすぎて、手放したくなることもあるかもしれない。

そういう時は、注意深くなってみなさい。

すると、今まで限界だと思っていたものを超えるキッカケがやってくる。

友子が持って生まれたものは素晴らしいものばかりだってことに、人生の中で徐々に気づいていくはずだからね。

焦らずに1つ1つ気づいていけばいいよ。

おじいちゃんがいつも応援しているから大丈夫。

友子の才能を輝かせていくために共に音を奏でていこう。
悲しいときも楽しいときも、いつも見守っていますよ。

あ、そういえば、たまに夢を通じて会いに行っていますよ。
友子を励ましたい時、「大丈夫だよ」を伝えたい時、
夢を通じて会いに行っていたよ。

友子の感じる感情のゆらぎは、
おじいちゃんにとっては全て愛おしい音楽のようなものだから。

どんな思いも、友子にとっては大事な感情。

どんな感情になっても大丈夫。いつも共に受け止めていますよ。

おじいちゃんが友子にとって、安堵する存在でいられたこと。

とてもとてもおじいちゃんは嬉しいです。

そして、友子も、誰かにとっての安らぎの存在でいることができるんだよ。

友子にとっての、おじいちゃんがそうだったように……。

友子がいるだけで、安心できたり、優しい気分になれたりな。

おじいちゃんの孫なんだからなあ。そういうところが友子にもあるんだよ。

そうそう。おじいちゃんは寂しくないよ。

もちろん、家族と離れた遠い所に1人旅立たないといけないとなった時は寂しかったよ。

でも、形のない存在になるということは、あらゆるところに存在できるってこと
でもあるんだよ。
だから、こうして色んな人のそばにいることができる。大丈夫ですよ。

友子は優しいなあ、優しくて強い子だ。
本当の強さを知っている子だ。弱さを受け入れられる子だ。
私の孫でいてくれてありがとう。

辛いことが起こってもその下には必ずや素晴らしいものがあることを忘れずにな。
友子なら、きっとたくさん見つかる。
いつも見守っているから、安心して人生歩んで行きなさい。

おじいちゃんより

鑑定を終えて相談者と話したこと

孫自慢のエネルギーをひしひしと感じた、メッセージの数々。

「この子は大丈夫。私が分かっている」という確固とした信念を感じました。

「合奏」という絆であるお2人。友子さんという繊細ながらも芯を感じるメロディを、おじいさまの魂は低音のベースで支えているような絆でした。

この手紙を渡すと共に、改めて、友子さんとお会いすることになりました。

*

かげした　おじいさまは一番の友子さんの理解者。今でもね、理解者でいらっしゃって。だからこそ、「もっと眠っている才能を生かすように」みたいな後押しをすごく感じました。

相談者　そうですね。お手紙、見た時に自然と泣けてきました。なぜか、おじいちゃんの匂いがするんですよね。
おじいちゃんが、おばあちゃんのために使っていたお線香みたいな。
実は、おじいちゃんが亡くなった直後、母も同じような不思議体験をしていて。

かげした　**どんなことか差し支えなければ教えてください。**

相談者　おじいちゃんが亡くなった直後のことです。
銀行へお金を引き出しに行ったんですね。そしたら、下ろした千円札の中に1枚だけ、お線香の匂いがするものがあって。

かげした　**香りで感じるのも霊能力の1つって言いますよね。私の友人の霊能者さんが、おっしゃっていました。それは両方ともおじいさまの魂かもしれませんね。**

相談者　あと、お手紙読んだあと、空を見上げたら視界がパパッと明るく光りました。

かげした　**友子さんは見えないもの（エネルギー）を五感全部で、受け取る方なんで**

すね。

今までの友子さんの悩んでいたこととか、人の気持ちを汲みすぎて苦しんでいたこととかがこれから全部光に変わっていくかと思います。ぜひその体験をもっともっとしていただきたい。

おじいさまも同じことをおっしゃっていました。

細かいことを言うと、友子さんの生まれた時の「土星」っていうのが、この世での「限界」を表す星なんです。そして、その土星におじいさまの命日の「冥王星」が90度の関係性をとっています。

この「冥王星」って底力を思い出させるような本質的な変容を表しますから、これはすごく簡単に言うと、「限界を超えた先で新しい自分に生まれ変わる」という角度なんですよね。しかもおじいさまの変革の「天王星」も同時に重なっているしね。とっても力強い後押しを感じます。一般社会の中では、「生き辛さ」を抱えてこられた。だけど、これからは、「その壁を突破していく！」。そういう強い応援が入っているんですよね。

相談者 **だから、一見悩みであることとか、辛いことも全部、大丈夫。今まで辛かったことも全部、無駄じゃないんです。**

かげした 泣いちゃう。

相談者 **おじいさまが言っています。「底力がまだまだあるよ!」って。**

かげした やれることは全部やっていきたいです。

相談者 **素晴らしいですね。それで良いと思います。絵が好きなことと、写真を撮ることなど「様々なイマジネーションを受け取れる才能」と、「おじいさまの死から学んだこと」。今後、それら全部がキュッと紐づいて繋がってくるんじゃないですかね。**

かげした なんなら今、部屋に1人でいる気がしなくて。ずっと後ろから、視線を感じるので。

相談者 **おじいちゃんだと思っておきます。**

かげした その視線がポジティブな感じだったら問題ないと思います。

相談者 嫌な気はしないです。全然。

かげした　じゃあ大丈夫です。とにかく色んな守りが入っていると思います。友子さんは、これからとっても重要な時期に入っていくんですよ。12年に一度のジュピターリターン！　生まれた時の「木星」に宇宙の「木星」が重なるんです。

木星って拡大って意味を持つから、拡大発展の時期です。そして、そこに、おじいさまの「スピリチュアリティを開く」という「海王星」が応援してくれている。おじいさま、やっぱり友子さんの才能を分かっていらっしゃいますね。

相談者　それを言われてピンと来ることがいくつか。最近、落ち込んでいる人を見たら何か力になりたい、丸ごと癒したいなあって思うんです。

かげした　優しい。おじいさまもそうだったんだろうな。

相談者　そうですね。そういう人でした。

かげした　素晴らしい優しさを受け継いでいらっしゃる。その優しさは、友子さんの若さでは、なかなかないので。
懐の深さは、心配なぐらいですよ。ただでさえ魚座の方は優しいんです
けどね。
人の気持ちがすごく分かってしまうし、見えないものも見えてしまう。
だから、時に1人の時間もすごく大事です。
ずっと見えない世界と繋がるんじゃなくて、時にはオフにする時間も重
要。そういう循環を作り出していけると、お仕事もうまく回っていくと
思います。

相談者　分かります。SNSでも、同じ価値観の人と勝手に意識が繋がっちゃ
うんです。
SNS上で、荒れている人がいたら私も荒れてしまう。だから、他の
人が荒れている時はそっと閉じています。

かげした　賢明だと思います。徐々にうまく制御できるようになりますからね。
自分のことは自分で決めてもいいのですよ。

相談者　あの、もう1つ聞いておきたいことが。

かげした　**どうぞ。私がお答えできることはなんでも。**

相談者　聞いておきたいというか、最後の感想みたいになるのですが。最近お風呂に入っていると、おじいちゃんの声で、お母さんの名前を呼ぶ声が聞こえるんですよ。「あれ？　私、友子だけど？」って思いながらも、なんかおじいちゃんのその声が、ただただ「名前を呼びたい」って雰囲気で。

かげした　**面白いですね、おじいさま。お2人のことをしっかり見守られているのかなと。**

相談者　そうなんですよ。実は今も背中があったかくて。

かげした　**え？　本当ですか？　私も今、あったかいんですよ、背中。**

相談者　おじいちゃんかな。前じゃなくて、背後。

かげした　**普通に考えたらすごいオカルトなこと。だけど、友子さんのおじいさまだったら、うなずけます。**前じゃなくて背後なのは、友子さんと同じ目線で、物事を見たいからなのかもしれませんね。

なんならもう重なっているってイメージが強いんですよね。「優しさ」の部分が一緒だから、一部になっているところもすごく多いと思います。マインドや魂は、友子さんの一部になっている。

相談者　いつでもおじいちゃんが見守ってくれているの、嬉しいな。

＊

繊細な感性を持つ友子さん。

これまでの人生、生き辛さも体験してこられました。

そんな時、一番の理解者であり、惜しみない安心感と愛情を与えたおじいさま。

そのおじいさまの優しさをそのまま受け継がれていた友子さん。

おじいさまの一部は確実に友子さんの魂に息づいていることを感じました。

そして、安心感と優しさは今も変わらずお2人の間に流れ続けていることを感じました。

これからは、おじいさまからもらった優しさ、安心感を友子さんが多くの人に与えていく立場になられるのでしょう。

「友子はもう一人前だよ」

鑑定中、そんな声が聞こえてきたようでした。

来年、ジュピターリターンを迎える友子さん。ますますのご活躍が楽しみです。

Chapter

8

パズル

パズル

祖母と同じ経営者になった今だから分かること
「これからも人生の同志としてよろしくね」

鑑定するにあたって相談者と話したこと

30代の男性・迅平（しんぺい）さん。

彼は、若くして会社を経営するやり手ビジネスマン。

今回は、そんな彼と82歳で亡くなられたおばあさまとの絆を命日占いで読み解くことになりました。

おばあさまが天に旅立ったのは、２０１９年10月10日のこと。

まだ日が浅く、一方で、会社経営者ということも影響するのでしょうか、おばあさまの「死」をどこか俯瞰的に捉えている自分もいるとのことでした。

迅平さんが経営する会社は、８割が女性スタッフ。

「女性が自分らしく活躍できる会社」を目指しているとか。

そして、実はおばあさまもまた、生前、「女性を支援する活動」をされていたのです。

これが意味することとは？　さらに、「命日占い」をこのタイミングで受けられたことは必然とも言えるべき理由があったのです。

＊

かげした　**迅平さん、この度は「命日占い」にご興味を持ってくださり、ありがとうございます。**

相談者　こちらこそ、ありがとうございます。

かげした　男性で鑑定を受けてくださる方は珍しいので、非常に嬉しいです。

相談者　僕の経営する会社は、8割が女性スタッフです。そのため、「男性だから、こう」「女性だから、こう」みたいな価値観があんまりないんですよね。

かげした　それは素晴らしい！　そういう価値観が広まっていくと、社会はまた1つステージを上げるでしょうね。

ところで、今回、関係性を占わせていただく相手は、迅平さんのおばあさまでしたよね。

相談者　はい。昔からおばあちゃんっ子で、今思えばですが、経営者になることも祖母がかなり影響しています。

かげした　そう思われるのは、なぜでしょう。

相談者　実は、祖母の生前。彼女もまた、自分で会社をやっていました。なので、「会社をやる」ということが身近だったというか……人生の選択肢に入っていたのは祖母の影響な気がします。あと、詳しいことはよく分かりませんが、女性を支援する地域活動？　をしていたとか。

かげした　**なるほど。おばあさまがまだお若い頃と言えば、今みたいに女性の社会進出が当たり前の時代ではなかったでしょう。もしかすると、社会と女性の間を取り持つような活動に従事されていたのかもしれないですね。**

相談者　僕もおそらくそうだと思っています。そして、血は争えんなと思うのが、実は僕の経営する会社もまた、女性の自立を支援する会社なのです。

かげした　**あら！　時代は繰り返すのですね。では、迅平さんが会社をやるとなった時、おばあさまは色々とアドバイスされたかったのではないですか？**

相談者　そうですね。会う度に、「どんな会社なの？」とか、「うまくいってるの？」と、しつこいところもあって（笑）。「祖母と孫」という関係性でもありながら、「同志」みたいな目線も持っていたんだと思います。

かげした　**それは心強いですね！**

相談者　いや、そうでもないですよ。家族のアドバイスって、素直に聞けないことも多いですから。

かげした　**そうですか**（笑）。

ところでおばあさまはどんなふうに亡くなられたのでしょうか？　差し支えのない範囲でお教えいただければと思います。

相談者　はい、自宅で突然亡くなったそうです。

亡くなる少し前に会った時には、

「地域の人の相談に乗ることは続けていてね。動くこともキツくなってきたけど、色んな人が相談に来てくれて、ありがたいねぇ」と言っていたことが印象に残っています。

かげした　**おばあさまが亡くなられたのは、2019年10月10日でしたよね。となると、まだ昨年のことですから日は浅いですね。**

相談者　だからか、まだ近くにいる気がする時があって。

例えば、何か仕事上の人間関係で困ったことがあると、「祖母だったらどういうふうに考えるかな」と、祖母に答えを求めることがあるんです。するとと、嘘みたいな話ですが、いつも以上に解決策が降りてくることがあって。

かげした　**すごい！　それは確実に近くにいらっしゃいますね！と言っても私には霊感はないので、その観点からは分かりませんが、実際に、「現実」を変えているわけでしょう？**

相談者　はい。その解決策でうまくいったこともいくつか。

かげした　**ならば、「迅平さんの中で生きている」ってことで良いんだと思います。**

相談者　うわ、なんか感動ですねその話。

かげした　**それがおばあさまの残したものですよ。肉体としてはお別れしましたが、おばあさまの精神はいまだに生きているんです。**

相談者　心強い。心強いです。

かげした　**私も、幼少期に従姉妹のお姉ちゃんを火事で亡くした経験があります。**

相談者　そのエピソード、ご著書で読ませていただきました。

かげした　ありがとうございます。私にとって、その従姉妹のお姉ちゃんの存在がなければ「命日占い」は生まれていないと、はっきり言えます。占い師になったこともそうですが、あの経験がなければ、「死」と「占い」を掛け算することは絶対になかったでしょうから。

相談者　なるほど。かげしたさんの中で、「死とは何か？」という問いがずっとあったわけですね。

かげした　はい。そうです。まさにです。なんだか、逆にインタビュアーみたいになってもらって申し訳ないです。

相談者　いえいえ、とんでもない。

かげした　ところで、迅平さんとおばあさまについて、子供の頃の何か印象的なエピソードってありますか。

相談者　えーっと、あ！　子供の頃って感じではないんですが、親族の中でちょっと困った人がいて。「その人にどのように関わるべきか」という話を2人で話し合ったことがあります。対等に意見を聞いてくれて、鋭いアドバイスをくれたことを覚えています。

かげした　**へえ！　さすが、迅平さんのおばあさまって感じですね！　鑑定するにあたって、何か、おばあさまに聞いてみたいことはありますか？**

相談者　それは何個も。まず1つ目に、「僕はこのまま経営者でいていいのだろうか？」ということ。「会社を経営すること」はとっても楽しいです。だけど、「何か違うな感」がずっとありまして。長い目で見た時に、僕は、経営者の立場で本当にいいのだろうか？　そんなことを最近、ずーっと考えているのです。

かげした　**なるほど。もっと他に「最善の道」があるのではないか、ということですね。鑑定してみます。他には何か？**

相談者　そうですね。何個も、と言いながら、1つ目と地続きになっているような質問で申し訳ないのですが、「では、その最善の道は何か？」ということですね。

かげした　**やはり、男性を鑑定するとなるといつも毛色が違って、かなり具体的な質問になりますね。「明確な結果」を求める方が男性には多いので。**

相談者　そうなんですね。でも確かに、はっきり言ってもらわないと分からないところはありますね。ぜひ、びしばしとお願いします。

もう1つは、仕事とは全く別のことになります。

かげした　**なんでしょうか？**

相談者　プライベートの問題です。僕、1人でいることが大好きなんですね。会社を経営しておきながらなんですが、「チーム」とか「集団」で動くことが苦手で。

だから何事も身軽な「1人」が大好きなんです。この性格のまま突き進んでいいのかなと。

かげした　**人との距離感とか、組織との関わり……人間関係についてですね。**

相談者　祖母に叱られないといいな。

かげした　**どうでしょう（笑）。**

それでは鑑定に移らせていただきます。今日はお忙しい中、お時間いただき、ありがとうございました。

相談者　こちらこそありがとうございました。

＊

今回の相談者は、「死の悲しみ、真っ只中」の時期からは、すでに抜けている印象を受けました。

そのため、いつも以上に故人に人生相談を求める形となったように思います。

実はこれはある意味、「命日占い」の真骨頂をお見せできる機会でもあります。

なぜなら「命日占い」とは、大切な人が亡くなった日をもとに残された人の生きる意味を導き出す占いなのですから。

さて、それでは今回の鑑定。

おばあさまは、天国から孫に、何を伝えたがっているのでしょうか。

〈迅平さんとおばあさまの「星の配置」〉

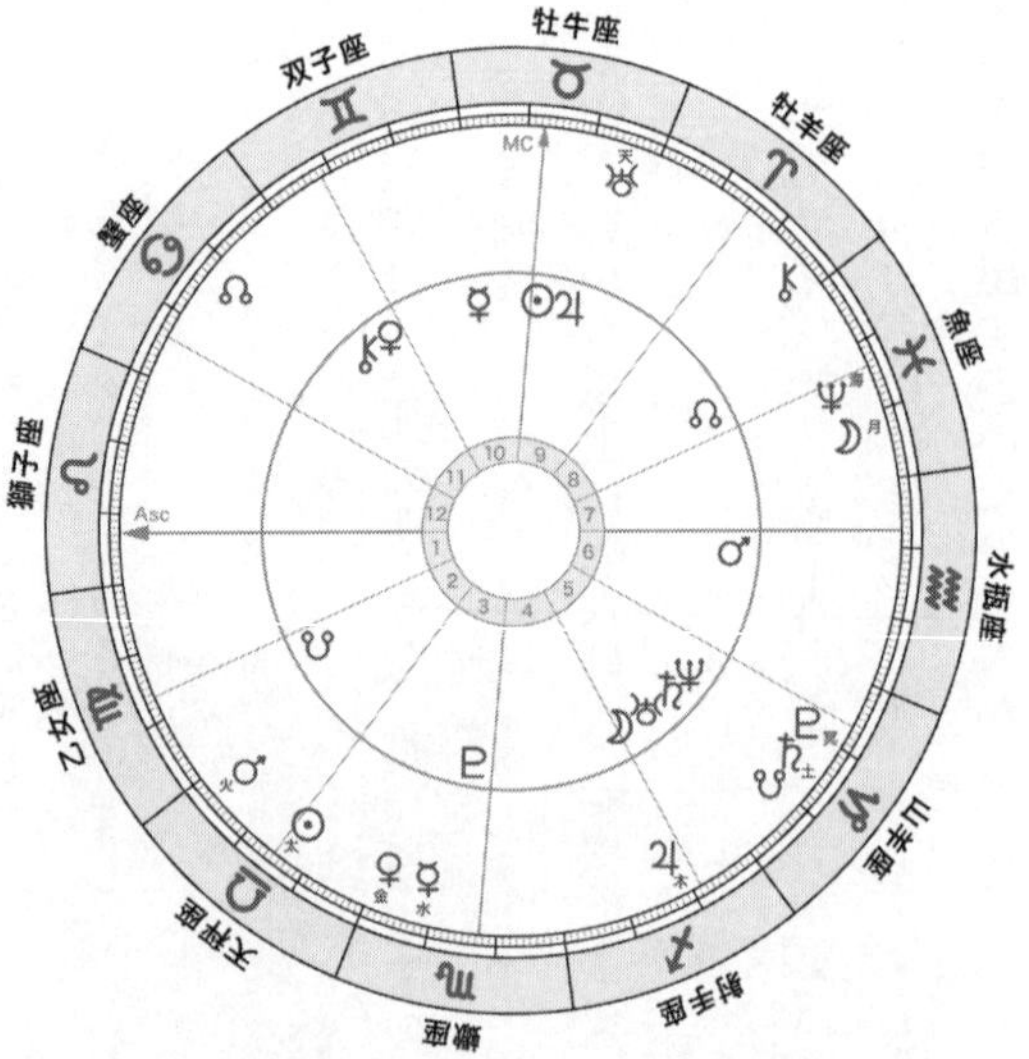

内側の円：ご本人の出生チャート（星の配置）
外側の円：故人の命日のチャート（星の配置）

＜かげした星読みメモ＞

誕生日星座：牡牛座ー命日星座：天秤座＝パズル

・N3/5/7ハウスをサポートするDD7つの天体：人との関わりをサポート
・「N太陽/冥王星」と「DD水星」の固い絆：使命の具現化のサポート
・「N太陽/冥王星」に「DD土星」が援護する絆：使命へのエール。行き詰まりこそチャンス。
・「N火星」と「DD火星」の創造的な絆：情熱（戦略）の後押し
・「N金星/カイロン」に「DDドラゴンヘッド」の絆：女性の支援が共通のミッション、繋がる絆
・誕生日星座、命日星座共に守護する天体は「金星」
→Nの金星のサビアンシンボル：「冬の森の霜」：新しい芽吹きを待つ

※N＝本人・DD＝命日の星。
※これらの解釈は西洋占星術のセオリーをヒントにした独自の表現であることをご了承ください。
※今回は占星術を詳細にお伝えするのは本書の趣旨ではないため割愛させていただきますが、実際に鑑定させていただいた印として、鑑定時に使用した、チャート図（右図）とメモを掲載させていただきます。

迅平さんの誕生日星座とおばあさまの命日星座を読み解くと、2人の絆は「パズル」。

このパズルの絆を持つ魂たちはお別れ後、「問題解決能力」を高めていく関係性です。

それはまるで、数多くのピースをはめていき完成させるパズルのようです。

お別れを機に、残された人は1人でピースを探すような冒険に出る感覚を覚えるかもしれません。

そして今回の相談者・迅平さんは今、まさに、おばあさまに人生の答えを求めていらっしゃいます。

その姿はまるで、欠けたピースを探しているように見て取れました。

迅平さんに鑑定としてお渡ししたのは、天国にいらっしゃるおばあさまからのお手紙。

メッセージを紡がせていただいている間、何度も不思議なことが起こりました。

それは、おばあさまが「孫」として語りかける時と、「1人の大人」として語りかける時、2つの顔が交ざり合っていたことです。

次のページに紹介するのは、私から実際に迅平さんへお渡しした天国のおばあさまからのお手紙です。

迅平へ

ばあちゃんですよ。

まだ天に旅立ってそんなに時間が経ってないので「天国の人」って感じでもないけどね。

こうして、あなたと話せることを嬉しく思いますよ。


孫として話そうか……。

それとも、〝世の中を善き風に治める同志〟として話そうか……。

少し迷う感じもありますね。

まあ、両方でしょうか。

さて、天にいる私、ばあちゃんにも役割があるようです。

あなたが地上でお役目を果たせるよう、

「人との協力」「信頼関係を築く」「運命の出会い」

これらをサポートするのだそう。

あなたが人生の使命を果たせるように。

もしかして今、あなたは、「何かを大きく育てていきたい」と考えているんじゃないかい？

そういう時はね、あなたは誰かとの関係をより深いものに、次元の高いものにしていく必要があるのですよ。

あなたを許し、信頼し、受け入れてくれる人がいるでしょう？

その人との関係が深まれば深まるほど、外側にも大きく成長していくということです。
あなたが「誰かの信頼」から受け取るものは、とても大きな力となっていきます
からね。
「信頼」というテーマにおいて、色々な学びがあることも確かです。
葛藤が起きても心配しなさんな、ってことでもあります。
学びだからね。

あなたが外側に向けて大きく枝葉を広げていきたいと望む時、あなたが内側で育
んだ信頼が根っことなり、大きな木へと成長していくでしょう。
人と信頼を築く根っこを育てるとね、自然に大きくなるものだよ。

あなたはいつも大きくなりたいと願っている。
それはあなたの才能です。

その願いの先に、あなた1人の肉体では扱いきれない「大きな意識」を動かさねばならない時が訪れるでしょう。

さあ、その時は私の出番だね。
もしそのタイミングが訪れた時、ばあちゃんがあなたにきっかけのような「取っ手」を渡しましょう。

その「大きな何か」はスムーズに動く時もあるでしょう。
動かない時もあるでしょう。

でも、そういう時こそ、先ほどの
「誰かと協力することがもたらす力」「信頼の力」「運命の出会いの力」を信じて進むだけで十分なのです。

さて……、生前、私は女性がより善く生きることに取り組みましたが、今も変わらない思いとして息づいています。

あなたの協力者に女性や、女性を大切に考える男性が多いのも、私から引き継いだものかもしれませんね。

女性を取り巻く社会の何かが、女性の志とうまくかみ合えば、世の中が格段に生きやすくなることを私もあなたの魂も知っているのでしょう。

たくさんの人があなたの周りに集います。

そして、それは1つの小社会となります。

その小社会はどこか私が生前、夢見ていたもののようです。

しかし、だからといって、あなたが私の意思を引き継いだ、というわけではなく、

そもそも「そういう意思」のもとに、私たち2人が集められたのでしょう。

迅平。生活も大事になさいね。

あなたが平和に暮らせるように、あらゆる心地よさもサポートしたいと思っていますから。

そうそう。ばあちゃんと迅平は似ているところもある。

全然違うところもあります。

例えば、あなたと私とでは「世界を見る目」は違うようです。

生前の私は、

「なんともならないものを、なんとかしなければ」でした。

ですが、あなたは違います。

「なんとでもなるのだから、最善の方向にもっていこう」という目線を持っています。

あなたには根っこから世界を信頼している力があることを、

どうか忘れないでください。

それが最大の強いところです。

それが、あなたが今、考えていることのヒントになるかもしれませんね。

そしてこれからは、

「何が世界を調和に導くのか？」

これが、地上にいるあなたと天にいる私が紡いでいく学びのテーマのようです。

こうして迅平と話せたことはとても楽しかったです。

またいつでも会いましょう。

ばあちゃんより

鑑定を終えて相談者と話したこと

かげした　**お手紙をお読みいただき、いかがでしたでしょうか？**

相談者　ありがとうございました。非常にリアルでしたね。

かげした　**リアル？**

相談者　ええ。「迅平」と書いている部分と、「あなた」と書いている部分、この2つが交ざっていることが妙にリアルに感じました。

かげした　**その部分ですね。それはおばあさまが、迅平さんのことを、「孫」として見る時と、「1人の大人」として見る時の2つが交ざっているように感じたんです。**

だから、あえて分けて書かせていただきました。

相談者　そこは非常にばあちゃんっぽいなって。ある時は、「迅平は偉いねぇ〜。頭が良いんだね〜」って可愛がってくれるくせに、急に同志というか、経営者としての顔を出してくることが生前からあったので。

かげした　**それこそ、おばあさまが可愛い（笑）。**

2人の関係性は、牡牛座と天秤座の繋がりになるので、共通点としての課題は「世の中の調和をどういうふうにとるか」ということです。どちらの星座も愛と調和の「金星」で守護されているんですよ。金星って「女性性の象徴」でもありますから、そのあたりもお2人の関係性を表していますね。

そして、そこが実にパズルの関係性っぽい。ピースをはめることで、1つの「調和」というタイトルの絵を完成させていくと言いますか。

相談者　なるほど、調和ですか。

「女性が女性らしく活躍できる社会へ！」というスローガンがまさにですね。ピースをはめていって壮大な絵を描くというのは、僕の哲学として、とてもしっくりきます。

あ、手紙を読んで、なるほど！　と思った部分があるんです。

かげした　**もし良ければ、教えてください。**

相談者　〝しかし、だからといって、あなたが私の意思を引き継いだ、というわけではなく、そもそも「そういう意思」のもとに、私たち2人が集められたのでしょう。〟という部分です。

これまでどうもばあちゃんの意思を引き継ぐように経営してきた感覚があったんです。

でもその考え方だと、なんだか自分の中では重荷で。

引き継ぐなんて自分らしくない！　みたいな。

その点、手紙に書かれているニュアンスだと、だいぶしっくり来るんです。

かげした　そうそう！　ばあちゃんと僕は、同じ価値観を持った魂が、1つの志に集められただけなんだよね！　って。

つまり、おばあさまが女性のための地域活動をしていた影響で迅平さんも女性の支援をやっている、ではなく、おばあさまも迅平さんもたまた

ま「世の中を良いところにしたい！」という経営志向を持たれていただけ、なんですね。

そもそも、「世の中を良くしたい」という志に集う者同志だった。でも、そんな2人がたまたまおばあちゃんと孫になった。

相談者　そうです！　言語化ありがとうございます。

かげした　もし前世があるとしたら、同じ時期に、会社など、何か1つの目標に向かって突き進む同志だった時期があるでしょうね。

なんか新選組みたいな。

私の個人的なイメージですけどね。そんな魂を持たれたお2人です。

ちなみに、先日お話しさせていただいた時は、ちょうどお仕事の過渡期を迎えられていましたよね。今はどうでしょう？

相談者　だいぶ大きな変化がありました。

あれ以来、僕の業界で言う、いわゆるシンボルみたいな人が急に引退を宣言しまして。

野球で言うところの長嶋茂雄さんが引退する感覚と言いますか。
それで自分のアイデンティティがさらになくなってしまった感覚があるんですよ。

かげした　例えば、営業マンとして20年やってきた人がいるとして、ある時、尊敬している先輩がみんないなくなった。そうなると営業部の行く末がなんだか不安。
そんな感じですね？　見上げたところに誰もいないのは誰でも不安に思うものです。

相談者　はい。まさにその不安感です。だからこそ、経営者のまま進んでいいのだろうか？　という気持ちはより一層高まっています。

かげした　おばあさまの星が、3、5、7ハウスあたりに集中しているんですね。
これ綺麗に全部、「伝える」「表現」というキーワードを持っていて、「人と接する要素」を示す場所なんですよ。
そう聞いて何か思い当たることはあります？

相談者　うーん、先日もお話しした通り、むしろ対人関係を避ける、経営者としてあるまじき人間でして。

かげした　**そうでしたね**（笑）。

ただ、「命日占い」で言う「パズル」の関係性って、「意外なところから答えはやってくる」というメッセージが含まれています。

まさに、思わぬところでカチッとハマるパズルのピースのイメージです。

相談者　対人関係……。僕を形成する要素からしたら重要度は最後から二番目くらいかも。

かげした　**そんなに低いですか。**

あ、でも、迅平さんがもともとお持ちの「星」は対人関係を「嫌だ」とは言っていないように読み解けますね。「対人関係」とは、言い換えれば「信頼関係」みたいなものです。

誰かとの信頼関係が未来を切り開く鍵にもなっている方ですしね。

相談者　ああ、なるほど！　「信頼関係」と言われて、今、非常にしっくりきました！
仕事において、信頼関係を築こうとする時、一番燃えます。思ってもない力が出るんです。

かげした　迅平さん、「対人関係に興味ない」とは言いながら、「誰かと深く繋がれば繋がるほど、結果的にその先にいる多くの人に影響を与えることができた」という経験はありませんか？

相談者　はい、はい。すごく腑に落ちました。
「人と人の繋がり」みたいなことではなくて「戦略としての信頼関係」は非常に僕っぽいというか、大切にしています。

かげした　「戦略として」って、実に経営者っぽい！　迅平さんらしいですね。
今おっしゃった「戦略」って、いわば一般的な「計算高い」っていうイメージとは少し違う感じです。迅平さんの「太陽」はチャートのてっぺんで輝いています。
これってね、「社会を良くしたい」っていうパワーのほうが「個人的に満たされたい」という思いより強いことを物語っています。

相談者　あ、なんか分かる。

かげした　先ほど、「僕は人間関係の優先度低め」っておっしゃったのはそういうわけです。「自分がよく思われたい」という気持ちより、「何か大きなものがうまく回ればいい」と思ってる。それが迅平さんの幸せを感じるポイントだから。

なんかちょっと普通の人が言う「戦略」とイメージが違うというか、次元が違います。

相談者　え？　僕の心、見えてます？

かげした　いえいえ、星の通りにお伝えしているだけです（笑）。

つまり。一対一の信頼関係も大事だけど、世の中に対する信頼関係も大事にしたいと考えていらっしゃる。そして、信頼の作り方は世の中の足りてない部分を埋めていくこと。まるで「パズル」の欠けた部分を埋めるようにね。

その結果、大きな何かが生まれていくみたいなところがあるようです。

相談者　なるほど、生前のおばあちゃんもそういうところあったかも。

かげした　そうだと思いますよ！

だって、今もそうです。迅平さんの「太陽」と「冥王星」って向かい合っているんです。結構特殊な配置でして。これは先ほど申し上げた「世の中を良くしたい！」っていう思いが半端ないことを物語っています。

根っこから覆すようなエネルギー。

さらにその「冥王星」におばあさまの「水星」が加勢している。

おばあさまは「水星」がパワフルで、「世の中を何とかしなきゃ。凸凹したところを平らにしなきゃ」みたいな人。そして、それがおばあさまのモチベーションでもある。

逆に言うと、おばあさまは迅平さんに、「ここが足りてないからよろしく」みたいなメッセージを送っているんじゃないですかね。

相談者　そのメッセージはどんなふうに届くのでしょうか？

かげした　**例えば、明確な問題としてやってくるかもしれないし、情報としてやってくるかもしれないし、人との出会いからということもあり得ます。ちょっとした〝行き詰まり感〟がおばあさまからのサインである可能性も。**

相談者　えっと。ああ、おばあちゃんが亡くなったのが、去年の10月。その時期を思い返すと明らかに、会社のスタッフとの付き合い方が変わってますね。

今までは僕発信でプロジェクトが動いてきました。ですが、不思議と去年の10月あたりから、スタッフのアイデアを僕が形にするみたいなことが多いように感じます。

かげした　**星を見る限り、おばあさまが亡くなる以前から、迅平さんの変革期が始まっていると思います。ですが、おばあさまが亡くなられて、その変化はおそらくより鮮明に出たのではないかと。**

相談者　ああ、ばあちゃんの手紙が読み解けてきました。

〝あなたが外側に向けて大きく枝葉を広げていきたいと望む時、あなたが内側で育んだ信頼が根っことなり、大きな木へと成長していくでしょう。〟

の「内側」って、多分チームのことですね。つまり、僕の会社のこと。

〝あなた1人の肉体では扱いきれない「大きな意識」を動かさねばならない時が訪れるでしょう。〟

それでこれは、僕の働く「業界全体」の話だ。

〝さあ、その時は私の出番だね。もしそのタイミングが訪れた時、ばあちゃんがあなたにきっかけのような「取っ手」を渡しましょう。〟

これも分かったぞ。「取っ手」はご縁のことだ。明らかに、僕の仕事としての人生を変えるようなキーパーソンが、何人も何人も、去年辺りから現れています。

かげした　**そこまで読み解けるだなんて素晴らしい！**

相談者　そして、そのご縁って、僕とおばあちゃんの関係性にそっくりなんですよ。

かげした　と言うのは？

相談者　その人たちみんな、「僕」に集まってきているんじゃなくて、「僕の志」に集まってきてるんです。だから僕に媚びない（笑）。それがまた心地良くて。

だからこそ、「自分の会社は完全にその人たちに委ねたい」と思い始めている深層心理に気づき始めています。

かげした　答えは周囲にちりばめられていたわけですね。

迅平さん、11ハウスも強くて、「金星」と「カイロン」のコンジャンクションがしっかりあるんですね。そしてその上に、おばあさまの「ドラゴンヘッド」という星が入っています。

「ドラゴンヘッド」って磁力みたいに、人々を引き付けるんですよ。見た目（☊）も磁石みたいでしょう。

相談者　委ねたいと思う人が現れたのはおばあちゃんの磁力か。完全におばあちゃんのサポートを受けてるじゃないですか。

かげした　**はい。だから、「経営者ってどうなんだろう？」と、もやっとした気持ちが生まれた地点で、うまくいっているんだと思います。おばあさまが出されたヒントと言ってもいいかもしれません。**

相談者　ありがとうございます。なんだか、これからの人生が楽しみです。おばあちゃんの叱咤激励をふんだんに受けながら、突き進んでいきたいと思います。

＊

迅平さんの一連の鑑定の中で、メインテーマとして流れていたのは「経営者からのシフトチェンジ」でした。

迅平さんの星の配置的にも、「成果を出し続ける経営者」としてのアイデンティティは卒業する方向へと進んでいました。

そのタイミングで「命日占い」を受けていただいたことも、何か意味があってのことと、思わざるを得ません。

もともと迅平さんは「金星」の位置から「仲間に恵まれる」という運をお持ちです。

その仲間というのは、単なる友人というだけではなく「この社会を癒し、調和で満たしていく」という志を持った仲間たちのようです。

またその金星の度数には「冬の森の霜」『Winter frost in the woods』というタ※イトルがつけられています。新しい芽吹きを待つようなことを意味します（※西洋占星術ではサビアンシンボルと呼ばれています）。

実際、迅平さんの周辺には高い志を持ち、可能性に溢れた方が多く、新しい可能性を芽吹かせようとしている人がいます。

迅平さんはきっとそういう方々のメンターとして活躍し、それぞれが影響力を持ち世の中を調和で満たしていく人材として花開いていかれるのでしょう。

おばあさまは、そういった迅平さんの大きな力を信じ、惜しみないエールを送ってくださっているのです。

Chapter

9

真っ白な紙

真っ白な紙

48歳で余命宣告。最期まで生ききった私の妹「お姉ちゃんの重荷を全部、持って行ってあげるね」

鑑定するにあたって相談者と話したこと

「真っ白な紙」の関係性で取り上げさせていただく相談者は、48歳の若さでがんを患いこの世を去った女性のお姉様、原田幸世さん（仮名）。50代の女性です。

妹さんは、２０１８年8月19日に空へと旅立たれました。

わざわざ早々に「命日」をお伝えしたのには深い理由があります。

こちらの姉妹、珍しいことに誕生日が全く同じなのです。

お2人ともに、1月9日生まれ。

空へ旅立った日が19日。

血の繋がりの環《わ》の中で、こうも「1」「9」ばかりが関係するのはなぜでしょうか？

もしかすると、お2人の絆の深さを物語っているのかもしれません。星を読み解けばきっと見えてくるでしょう。

＊

かげした　幸世さん、妹さんとの関係性に心残りがあるとか？

相談者　はい。そうなんです。闘病中もですし、これまでの人生の中でも、妹に対してもっとできることがあったんじゃないか。そんなことをずーっと考えています。

かげした　**妹さんが元気でいらっしゃる時から後悔が？**

相談者　妹のことを羨ましいと思うことも多々あり、嫉妬もなかったと言えば、嘘になります……。

母親に上手に甘えていて。立ち回りもちゃっかりしているなぁ、自分にはないものを持っているなぁ、とずっと羨ましかった。

そんな思いを抱いていたことを謝りたいです。

かげした　**「姉」特有の悩みですよね。**

事前のアンケートによると、妹さんは、旦那さんとの仲で悩んでいらっしゃったとか？

相談者　はい。そのことで何度も相談に乗っていました。

詳細は控えさせていただきますが、私からも旦那さんに「そんなことはやめてくれ」とお願いしていましたし。

もっと、ああすれば良かった。こうすれば良かった。色々できたんじゃゃないか。

そんなことばかりが思い浮かびます。

かげした　**いえいえ、十分、頼りにされていたんじゃないかなと感じます。妹さんが闘病されている時の印象的なエピソードはありますか？**

相談者　病室に泊まった時の話です。

「生まれ変わっても、私は妹と姉妹になりたい」と話していたら、妹も「私もお姉ちゃんと姉妹になる」と言ってくれて。

私は、「あなたが妹で良かった」って。

妹は、「私もお姉ちゃんがお姉ちゃんで良かった」って。

「今度は私が妹ね」って言ったら、妹は、「いや、今度も妹がいい」って。

かげした　**泣ける。なんか、やっぱり妹さんは「甘える立場」が良かったんでしょうかね。**

その話をされたのは、妹さんが旅立つ直前？

相談者　はい。亡くなる数日前にお医者様から「あと数日の命です」というお話がありました。
それで付き添っていた時に。
あとで考えたら、不謹慎だったかなあ、と思いますが。
冗談っぽく話したら、そんな流れになって。

かげした **妹さんは、お姉様とはもう長くいられないことを分かっていらっしゃったのですか？**

相談者 そうですね。その日の1、2週間前からお腹に水が溜まっていて。
抗がん剤を新しいのに切り替えれば何とかなるかもしれないという時に、お盆中だったこともあって切り替えるタイミングがなくて。

かげした **お辛い話をありがとうございます。**
そもそも、お2人は子供の頃から仲良かったのですか？

相談者 いえいえ。実はそんなことなくて。あまり遊んだ覚えがないんです。
妹が未熟児で生まれて目の疾病だったんですね。実家が自営業をやっていて、そのついでに妹を県内の大きな病院に連れて行っていました。

だからか、一緒にいる時間も少なく、妹の存在をあまり意識したことがなかったです。

さらに、妹と年齢が3つしか違わないのに、間に弟がいまして。

1歳ちょっとぐらいしか変わりません。そんなこともあって、私は母に甘やかされた覚えが全然なくて。あ、弟とは母の取り合いでよく喧嘩していたんですけどね。妹とは全くです。

かげした　**なるほど。幼少期は姉妹としての関わりがあまりなかったのですね。**

相談者　そうなんです。ただ、「大事にしていないか」と言われれば、そういうわけでもなくて。

小学校の頃、私が友達と遊ぼうという時に妹がついてきたことがありました。

それで活発な友達から「妹のこと置いて行っちゃおう」と言われたんですね。

その時は「それはできない！」ってきっぱり断って。

いじめにあっていた妹をかばうこともありました。

かげした　**心強いお姉様ですね。妹さんは色んな人に助けられていた？**

相談者　小学校の時、身体も小さかったですし、目の疾病もあって、「助けられた」というより、辛い思いをしてきたんじゃないかな。大人になってからもたくさん苦労して。ずっと苦労ばかりの人生だったような気がします。

かげした　**と言いますと？大人になってから、何が？**

相談者　はい。子供がいじめられないように、お金や時間を全部子供たちのために費やして。自分がした苦労をさせたくなかったのでしょうね。いつも自分のことは後回しででした。

かげした　**お子様たちは今、おいくつですか？**

相談者　２０１９年に、上の女子が大学を卒業しました。今は、看護師として働いています。

下の男子は、妹が亡くなった時が高校3年生。翌年の2019年に上の子と同じく社会人になりました。

かげした　では、もう自立されているんですね。

相談者　はい。闘病中は2人とも学生だったので、私たちの母親や私が2人にご飯を作って、持って行っていました。

かげした　すごい。そんなお姉様。そういえば事前アンケートでこんなことを書いてくださっていました。

「妹の分まで、（妹が残した）子供たちを私が支えたい」

やっぱり、妹さんがそれだけ力を注いでこられた思いを汲んでということですか。

相談者　闘病中に自宅療養の時期がありました。それで泊まりに行った時のことです。

「私、もうだめだと思うから、2人の子供のことをよろしくね」と言われました。
その思いを汲みたいのです。

かげした　**なるほど。つくづく愛の深いお姉様。**
では、お姉様自身の未来の話をさせていただきます。今、お勉強されているんですよね？　保育士さんの資格の取得でしたっけ？

相談者　はい。ちょうど妹の闘病が始まる前でした。たまたま新聞で、社会人でも午前中だけ通えば資格が取れるってところを見つけて。
その時、別の仕事をしていて、充実もしていました。でも、なんとなく学歴コンプレックスみたいなものもあって。高卒だったので。
そこが短大の卒業資格と保育士の免許も取れるところだったんです。

かげした　**妹さんのためでもあった？**

相談者　実を言うと。妹の看病ともしっかり向き合いたいという気持ちからでもありました。
ただ「仕事を辞めて看病」となると、妹は心配するかなと思いまして。

だから、「やりたいことをやるために仕事を辞めた」って話にして。

かげした　どうして、そこまでしてお姉様が看病をする必要があったのですか？

相談者　はい。私たちの親が事業に失敗していて、貧しい環境で育ちました。さらに、私たちの母親は、7歳の時に親を亡くしているんです。

そんなこともあって、母親は私たちに対して、お金のことで厳しかった。というより、お金のことしか目に入らなくなっていました。

だから母親に対してずっと不満を抱えていて。頼るのが私しかいなかったのです。

かげした　妹さんにとっては唯一の頼れる存在がお姉様だったわけですね。

相談者　今回の経験もまた、保育士への思いを強くさせました。

辛い思いをしている子供の力になってあげたいと思ったのです。

かげした　妹さんも、お姉様がそんなふうに頑張り始めたというのを聞いていたわけですね。

相談者　はい。「へえ、良いじゃん」と言ってくれました。

かげした　**妹さんに、こんなことを聞いてみたいということはありますか？**

相談者　私は、幸せになって、笑っていてもいいのでしょうか？

あと、妹は幸せだったのかなって。

母親が、「妹は可哀想だった」ってよく言うんです。

自分の育て方も良くなかったし、後悔というか、母からすれば幸せじゃなかったんじゃないかって。

でも、私は逆に妹はすごく幸せだったと思うんです。

自分の命を削ってでも、子供を残せた。

結婚して、子供ができて、とても良いママ友にも囲まれて。

姪の友達のお母さんから、妹が亡くなった後に、「妹からすごく癒された」って、お手紙をもらって。

母親は、「妹はすごく気を遣う子だった。可哀想な人生だった」と言うけど、私はそうじゃない気がしているんです。だから本人からどうだったのかを聞けたらなと。

かげした **かしこまりました。そう言えば、お誕生日の数字で、不思議なことがあるとか？**

相談者 はい。私たち姉妹、誕生日が同じなんです。

かげした **あら、それは珍しい！**

相談者 そうなんです。1月9日が誕生日です。それで、妹が亡くなったのが8月19日。

誕生日が「1」と「9」。空へ旅立ったのも「19」日。

全てが「1」「9」と2種類の数で構成されてるんですよね。

かげした **なるほど、これも何があるのか、探ってみますね。**

今日は貴重な時間をありがとうございました。

相談者 こちらこそ。ありがとうございました。

〈幸世さんと妹さんの「星の配置」〉

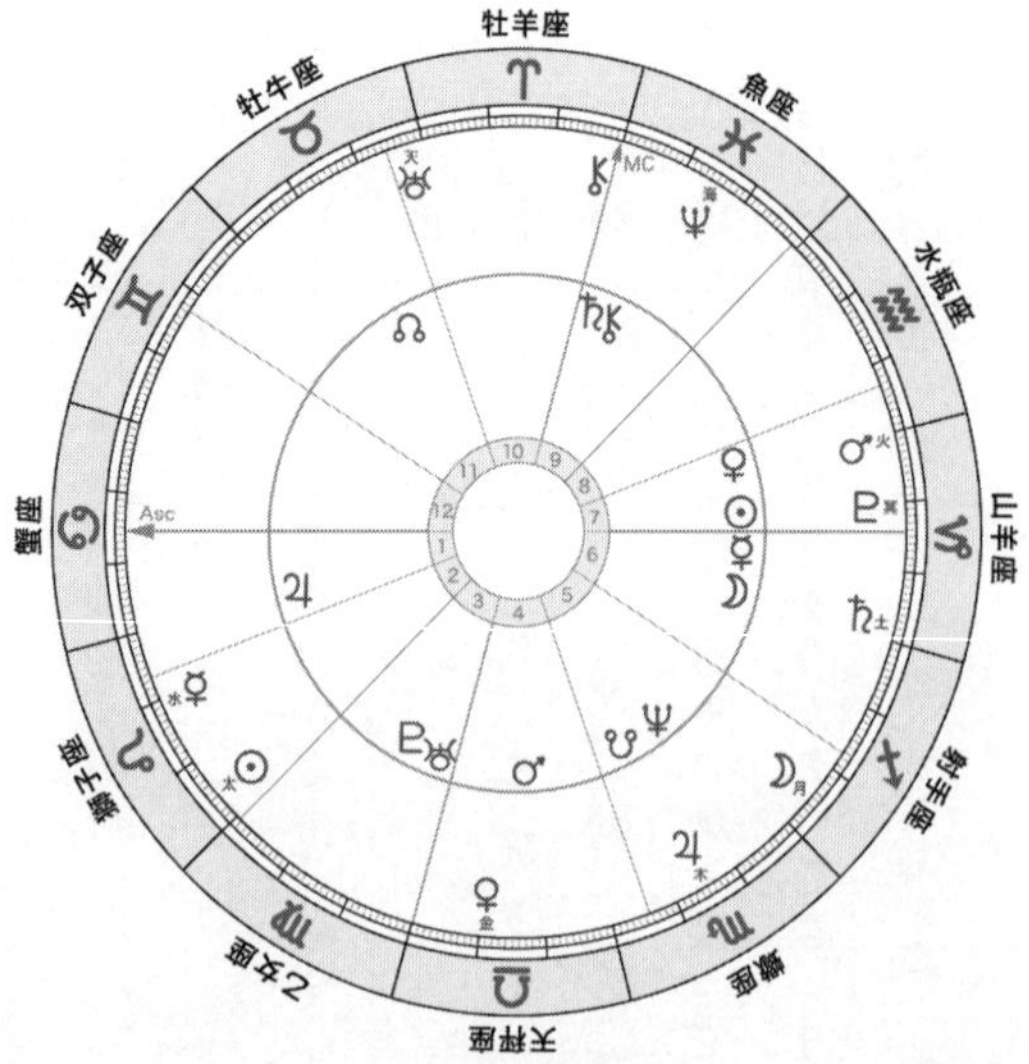

内側の円：ご本人の出生チャート（星の配置）
外側の円：故人の命日のチャート（星の配置）

<かげしたの星読みメモ>

誕生日星座：山羊座ー命日星座：獅子座＝真っ白な紙

・「N太陽」と「DD冥王星」の固い絆　：大いなる変容が訪れる
・N MCをとらえる「DDカイロン」：「傷と癒し」のテーマが完了する
・Nノード軸（この世とあの世の架け橋）と「DD木星」の絆：様々な現実化が大きく動き始める予感
・「N木星」と「DDカイロン」の創造的な絆：お姉さんの大らかさが妹さんの痛みを包む。お姉さんの「幸せ受け取り力」は傷を越えれば越えるほど大きくなる
・「N木星/金星軸」と「DD天王星」の葛藤の絆：現実世界で引き裂かれる愛。でも新しい次元で会える
・「N月」ー「DD土星」：お姉ちゃんに甘えっぱなしでごめんね。ありがとう

※N＝本人・DD＝命日の星。
これらの解釈は西洋占星術のセオリーをヒントにした独自の表現であることをご了承ください。
※今回は占星術を詳細にお伝えするのは本書の趣旨ではないため割愛させていただきますが、実際に鑑定させていただいた印として、鑑定時に使用した、チャート図（右図）とメモを掲載させていただきます。

相談者である幸世さんの誕生日星座と天に旅立たれた妹さんの命日星座を読み解くと、2人の絆は「真っ白な紙」。

この真っ白な紙は、故人とのお別れを機に何も書かれていない紙を埋め尽くすように、残された人は「答え探し」の人生を歩みます。その上で、時間はかかるものの、その人生をいつか振り返った時、「答えなんて必要なかった！」と答えよりも大切なものを見つけるでしょう。

そして、その道のりには故人のサポートが溢れていたことに気づくのです。

お2人の絆を一言で表すと、「あの世とこの世の架け橋」がお2人の間にしっかり存在していることを表す星の配置でした。

お2人の誕生日が同じだったことが物語っていたように、お2人の絆は姉妹である以上の深さを感じました。

姉妹で話されていた通り、生まれ変わった時も、お2人はご姉妹でいらっしゃるのでしょう。

もしくは前世というものがあるなら、前世も血の繋がった関係でいらっしゃったのではないかとさえ思わせるチャートでした。

その感覚を少しでも幸世さんにお伝えできればと手紙を紡ぎました。

天国に旅立たれた妹さんの命日星座は獅子座です。

獅子座は自分をしっかり主張する星座ですので、もしかしたら生前の妹さんより逞しいと感じられるかもしれません。

次のページで紹介するのは、私から実際に幸世さんへお渡しした天国の妹さんからのお手紙です。

どうぞ妹さんの力強い声が皆様にも届きますように。

お姉ちゃんへ

お姉ちゃん。本当にありがとう。本当にありがとう。
何度も言いたいです。

私ね、お姉ちゃんに見送ってもらって、とっても心強かったよ。

「お姉ちゃんに甘えてばかりでごめんね」って気持ちがなかったわけじゃない。
だけど、それよりも「ありがとう」って気持ちが溢れてくるよ。

死ぬのはもちろん怖かったよ。不安だったよ。
子供たちを置いていくのも悲しかった。
でも、お姉ちゃんが私の不安を受け止めてくれるクッションになってくれたの。

だから、病気は辛かったけどどこか安心だなあ、と感じていたよ。
私の病気をお姉ちゃんがしっかりと支えてくれた。
そして、私の終わりをしっかり見つめてくれたよ。
でも、お姉ちゃんにはその分本当にたくさんの痛みとか悲しさを預けちゃったね。
だから、お姉ちゃん。ありがとう！
今はまだゆっくりしてていいし、この先を焦らなくても大丈夫だよ。
お姉ちゃんは、この世で目一杯幸せになれる人だから、
今のうちに力を蓄えておいてね。
そして、動きたい時に動いてみてね。

私が病気になって、天国に旅立ってしまったことは、
私にとってもみんなとのお別れだったから悲しいことだった。
お姉ちゃんにも重いものを残しちゃったかもしれない。

でもね、それと同時に、お姉ちゃんにとっては新しい人生の扉も開いたんだよ。
私が旅立ってすぐにお姉ちゃんは、しっかりその扉を開いて前に進み始めたよね。
本当に良かった！　それでいいんだよ！
それを伝えたかったんだよ。
私もお姉ちゃんのこれからの夢をどんどん後押しするよ！

私の子供たちは大丈夫。
私が生きている時は、〝自分の傷〟を子供たちに映し出していたかもしれない。
「子供たちには、辛い思いをさせたくない。この子たちを傷つけたくない」ってね。

でも、子供たちは大丈夫！　って、今なら分かるんだ。
たとえ傷ついたとしても、あの子たちには、立ち直れる力もある！
子供ってすごいよね。親を超えていくもんだね！

お姉ちゃんと私もそうだった。子供時代は色々あったけど、色々な思いを抱えて生きてきたけど、お姉ちゃんは、しっかり超えてきた！

お姉ちゃんが超えてきた経験は、これから、誰かの喜びのために活かされていくからね！　まだまだこれからだよ！

だから、お姉ちゃんが学びたいこと、お姉ちゃんが取り組みたいこと、お姉ちゃんが喜びだと思うこと、全部、全部やっていいからね！

誰かに遠慮なんてしなくていいんだよ。

お姉ちゃん自身がもっと幸せになっていいんだよ！

日々、楽しいことがあったら笑ってね！

思いっきり、思いっきり！　笑ってね！

思いっきりやりたいことをやっていいんだよ！


そして、これから出会っていく人たちと大きな輪を作って、大きな大きな幸せの輪を作ってね！


私たち姉妹には、いつでも「架け橋」がある。いつでも会える。

私ね、生きている時、そして病気になっている時もお姉ちゃんに「もっとこうして欲しかった」と思ったことなんて一度もないよ。

目一杯お姉ちゃんの愛をもらったよ。今もね。

お姉ちゃんはお姉ちゃんのために、生きていいんだよ。

お姉ちゃんには、自分が思っているよりまだまだ眠っている自分がいるよ。

眠っている才能があるよ！

だから、全部使って生きてね。

お姉ちゃんが喜ぶことやってたら、自然とそうなるからね。


「この世でやりたいこと、やり残さないように。ね！」

お姉ちゃんの人生これからだよ！

いつでも応援しています。素晴らしい出会いをたくさん経験してね。


生まれ変わってもお姉ちゃんの妹でいたい、あなたの妹より

鑑定を終えて相談者と話したこと

妹さんから授かったのは、シンプルだけど、とにかく力強いエネルギーでした。

そしてお姉様への愛でいっぱいでした。

何よりも強く妹さんから受け取ったのは、

「お姉ちゃんに『ありがとう！』をしっかり伝えてね！」という、感謝の気持ちです。

＊

相談者　かげしたさん、今回は本当に、力をありがとうございます。

お手紙、なんか本当に嬉しくて。涙が止まりませんでした。

「ありがとう」って言葉に、「今のままでいいんだ」って、なんだか肩の荷が下りた気がして。

かげした　はい。私からもそれは伝えたい。今のままでいいんです。

相談者　ありがとうございます。姪が、「母はいつもおばさんが優しくしてくれて、力になってくれて、ありがたいって言っていたんだよ」って言ってくれたんですね。

でも、それが気を遣ってのこととしか思っていなかったので。

改めて、お手紙をいただいて安心できました。


かげした　良かったです。ちょうど、幸世さんの生まれた時の「太陽」の真上に、ほぼ誤差1度くらいで妹さんの命日の「冥王星（私たちから一番遠い星）」が重なっていました。

こういう配置は、幸世さんの人生が大きく変わる時なんです。

これはある意味では、「妹さんとのお別れ」という大きな出来事も示唆しているわけですが。

ただ、この日を境にすごく人生が変わっていくという流れだったみたいです。

相談者　妹の死があったことで、自分の今までの人生を振り返る機会になりました。

育った環境がどういうふうに子供に影響するんだろうなとか。

そういう意味では転機にもなったし、これからできることを自分が、何かやっていこうかなと思います。


かげした　**お2人の星の配置ですごく印象深かったのが、専門的な解説をすっ飛ばして言うと、2人は「前世からの絡み」を示唆する関係性があるってことです。**

「ドラゴンヘッド・テイル」という太陽と月の軌道の重なる点が、「あの世」と「この世」の架け橋と言われています。

幸世さんにもその架け橋があり、そこに妹さんの祝福を示す木星が関係しています。

つまり、「幸せになってね」というのがストレートに表れているような感じ。

さらに、命日の「傷と癒しの星（カイロン）」が、幸世さんの一番頭の上で輝いているようなチャートも見られます。これは、「癒しの完了」みたいなものを表します。

なので、妹さんが亡くなられる時に、妹さんの魂は、「もしお姉ちゃんが課題とか、しんどいものを持っているなら、全部、天国に持って行ってあげるね」ってことを伝えたがっていたようなんですよ。

本当に優しさの塊のようなチャートです。

相談者　本当に優しい妹でした。亡くなる前、「私が星になって上からちゃんと見ているからね。応援しているからね」って言ってくれて。

かげした　妹さんの「癒しの星カイロン」が幸世さんの頭の上に、キラキラある感じですね。

しかも、近くに幸世さん自身の「土星」も「カイロン」もあるんです。

だから、お互いがすごく守り合っているというか、傷を癒し合っているような配置でもあるんですね。

相談者　2人だけにしか分からないことがずっとありました。

かげした　守護し合っているんでしょうね。妹さんからの「お姉ちゃんのやりたいことをちゃんとやってね」というメッセージは、男性的というくらい力強い応援です。

今のお仕事も応援されていますし、これからどんどん、ただ食べるためだけではなく、やりがいや生きがいと感じるようなお仕事をやってね、と言っているようにも見えます。

相談者　生前から、後押しはすごくしてくれていました。

かげした　あとすごく変な言い方で申し訳ないのですが……妹さんはお姉様に「人生に終わりってあるからね」ってことも伝えたいんじゃないかなと思います。

それくらい、「終わり」を強調するようなメッセージが強かった。

土星って「終わり」や「制限」「寿命」を表す星なんですね。

そこに妹さんの星が強くメッセージを送ってくれているんです。

「お姉ちゃんは、やりたいことをやり残さないようにね」とでも言いたいくらいに。

相談者　そうなるとやはり「保育の道」を極めたいですね。生活のためじゃなくて、やりたい。やってみたい。

かげした　今、きれいにその道を歩まれていると思います。

相談者　妹と、生まれ変わっても一緒になりたい。それまでは頑張りたいです。

かげした　目指されている保育士さん像はありますか？

相談者　やっぱり自分たちの育った環境をどうしても重ねちゃうことはあります。だから、年齢的にも元気で楽しい保育士さんというより、ちゃんと子供たちの心の成長を見守れる保育士になりたいかなと。

かげした　うん。ぴったりですね。過去の幸世さんと妹さんの乗り越えてきた経験がそのまま仕事になって、誰かの光になる。こんなに素晴らしいことはありません。

妹さんの命日もそう言っています。星を見ると、「過去と未来を結びつけていくことが、幸世さんの自己実現や、やりがいに繋がっていく」と出ていますね。

相談者　この調子で頑張ります。

かげした　はい。応援しています。幸世さんが頭の中で思い描いていること、目指そうと思っていることがそのまま大正解だと私は思います。妹さんもそう言っているし。

なので、その道を突き進んでいただけたらと思います。

相談者　ありがとうございます。

かげした　その他、聞いておきたいことはありますか。

相談者　特に。お手紙をいただいて、「このままでいいんだ」って心から思えたので。

かげした　良かったです。妹さんがおっしゃりたいことは「遠慮しないでね！」ということ。

そして「やりきろうね！」という2つ。まとめると、この2つが強かっ

たです。

相談者　嬉しいです。頑張ります。

＊

亡くなった妹さんは、生前から、

「天国に行ったら守ってあげるね。いじめっこがいたら嫌がらせビーム出しちゃうからね！」と、冗談交じりにおっしゃっていたそうです。幸世さんと妹さんの命日のチャートを拝見し、全くその通りの配置になっていることに驚きました。

幸世さんとの対話の中にも出てきましたが、幸世さんの「使命」を表すチャートの天頂（＝MC）に、命日の「カイロン」が重なっているのがまさにそうです。

また、その近くに幸世さん自身の「カイロン」もあります。

「カイロン」とは小惑星の名前。最近占星術でも注目されている、「土星」と「天王星」の間に位置する星です。

カイロンの神話の中で、カイロンは最初に彼の母から拒絶を受けます。次に彼の生徒・ヘラクレスに傷をつけられます。

つまり、自分の傷と向き合うことで癒しと許しに関する心が生まれ、成長していくことを物語っています。幸世さんの場合は妹さんとのお別れ、もしくはお母様との葛藤などが「傷」にあたります。そういった幸世さんの課題を妹さんの魂はサポートし、共に乗り越えていこうとしているかのようでした。

お2人の縁を表す「1」と「9」という数字。

1は「スタート」、9は「1」から「8」までの全てを含み、「次なる生まれ変わりを待つ」ような数字です。また、あの世への架け橋を表す数字でもあります。

まさにお2人の魂の間に架かる橋を象徴しているように感じました。

そして、ご相談者の幸世さんは、妹さんとのお別れと同時に使命への旅が始まったのかもしれません。

Chapter

10

天空の目

天空の目

中学の時に突然死した母。今、母の年齢を超えました

「関係はやり直すものじゃない。紡ぎ直すもの」

鑑定するにあたって相談者と話したこと

今回の相談者は、現在51歳の女性・ゆきさん。
ゆきさんが13歳の時に、お母様が空へと旅立たれました。47歳の若さでした。
急性白血病で突然倒れ、3日後には息を引き取られたと言います。
自分の母親の年齢を超えられたゆきさん。

時折、自分の人生と母親の人生がオーバーラップすることもあるそうです。「命日占い」の鑑定を受けてくださったのは、「母親の人生は幸せだったのだろうか?」と、そんな疑問が生まれたからです。

母親の年齢を超えたからこそ生まれた問いなのでしょう。

*

かげした　お母様が亡くなられたのは、ゆきさんがおいくつの時ですか。

相談者　13歳。中学2年生の時でした。

かげした　中学生の時、ゆきさんはどんなお子さんだったのですか。

相談者　うちは5人兄弟で、私は末っ子だったんです。

さらに一番上との間に双子がいるんです。だから一番上と私は5つしか離れていなくて。

母親は、ずっとお腹が大きい状態だったみたいです。

そういう子だくさんのわちゃわちゃしたところで育ち、地元の小学校、そして中学校に通って。
身近なお友達と比べると、「なんかうちって変わっているな」っていうのはすごく思っていました。

かげした **どういうところがそう思う理由ですか？**

相談者 私は末っ子ということもあって、父が40歳の時の子供なんですね。なので、お友達のお父さんはみんなもっと若かったです。
さらにこの父親、芸術家であり、彫刻家なんですね。だからなのか、性格も変わっていたんですよ。機嫌が悪くなるとちゃぶ台をひっくり返す強烈な人で。
とは言え家族はみんな仲良かったです。

かげした **子供たちから見て、お母様はどんな方でしたか？**

相談者 太陽のようで、明るくて豪快な人でした。
何を言っても、「死にはせん、死にはせん」が口癖で。「大丈夫、大丈夫」って。

末っ子だからか、あまり構ってもらえなかったですね。すぐ上が双子で、双子の1人の心臓が生まれつき弱くて。母親は、その子が気になって気になってしょうがない様子でした。私は、それを見てうらやましかったんですよね。構ってもらえるから。その状態に慣れたのか、私は平気な顔するのも得意だった。

かげした　お母様は何かお仕事をされていたのですか？

相談者　児童教育の出版社で編集の仕事をしていました。父とはその会社で知り合ったようで。

かげした　え、どのような流れで？

相談者　母が中学校の美術の教科書を作ることになり、父に原稿の依頼をしに行ったことがきっかけのようです。そうして私が生まれて、13歳になって。我慢することに慣れていたから、ある意味大人びて見えていたかもしれません。

そんな時に、急に母が亡くなって。

かげした　急だった。ずっと闘病されていてとかではなかったんですね。

相談者　はい。すごく元気で、とにかく休むことなくずっと動き回っている人でした。

休んでいるところなんて見たことなかった。

それが、「風邪ひいちゃったみたい」と言って、昼間から布団敷いて寝ているのを生まれて初めて見ました。

空へ旅立ったのは、それから3日後のことです。学校から帰ってきたら、お姉ちゃんから「すぐ病院に行こう」って言われて。病院に着いたら、もう意識不明の状態でした。

診断としては、「急性白血病」ということでした。免疫が弱ったところに、風邪をひいてしまって。そのまま帰らぬ人と……。

亡くなる1ヶ月前に献血をしていて。その時は異常なしでした。

だから持病ではなく、急でしたので、みんな本当にびっくりでした。

かげした **突然すぎますね。それはお辛かったと思います。お父様のご様子はいかがでしたか？**

相談者 しょぼーんって感じで。私も、悲しくてずっと泣いていました。
でも、5つしか変わらない兄と姉が「そうは言っても生きていかなきゃならない」って、一生懸命、ご飯作ってくれて。

かげした **心強い。**

相談者 そうやってみんながそれぞれ動き始めたのを見て、「私ばっかり悲しんでいちゃいけない」って気持ちを切り替えました。
ただ、中学2年生で止まっちゃった感覚もあって。

かげした **止まっちゃった、というのは？**

相談者 13歳で、ちょうど思春期を迎えていた私。心が成長する大事な時に、母親がいなくなって。
なんだか「甘えること」をそこでストップさせてしまった気がするんですよね。

ふたたび学校へ行き始めても、友達も中学2年生だから、どう接していいか分からない感じがありありと伝わってきて。もちろん優しさは伝わりますけど。

そのせいか、悲しい時ほど笑うというか、何とか乗り越えようとして、悲しさを封印しちゃったんですよね。みんながいるところでは、泣いたり悲しんだりしない。

無理しているわけではなかったけど、その時は、そうするしかない、と思ってしまった。

かげした　**13歳ってまだまだ子供ですもんね。**

相談者　なんだかんだ母は、私をポジティブに導く言葉をたくさん投げかけてくれていたんです。「あなたの感性はすごく良い」って言葉も私を勇気づけていましたし。

他にも、友達の家との違いを気にしていた時には、「あのね、ゆきちゃん。人と違うっていうのはね、素晴らしいことなのよ」と言ってくれたこともありました。

それから父の強烈な独自性を受け入れられた気がします。ああそうか、人と違うのは素晴らしいことなんだって。そんなポジティブな言葉を言ってくれる人がいなくなった。

かげした　**お母様は、ゆきさんにとって、お守りみたいな方だったんですね。今お母様とお話しできるとしたら、どんなことをお話ししてみたいですか？**

相談者　父親が偏屈な人だったので、今思えば、色んなことで自分のプライドが傷つけられることもあっただろうなと思うんです。

例えば、これは母親が「ＰＴＡの役員をやる」ってなった時のお話です。経済的な余裕もないのに、父は、母が外に出るのを嫌がっていました。母を家に閉じ込めようとしているように、私には見えました。

ただその時ばかりはＰＴＡの役員を断りきれなかった。

するとなぜか父が、母がＰＴＡを辞めないと、私を学校に行かせないって言い始めて。

それで実際に私、何日か学校に行けなかった。

かげした お父様……強烈ですね。

相談者 だから、母は方々に頭を下げてPTAの活動も辞めて。

私からすると、とにかく我慢しているようにしか見えなかった。

母親は能力だってあるし、色んなことができる人なのに、なんでこんなに我慢して苦しい思いをしているのか不思議だった。

母のことは大好きだけど、不憫に思うこともありました。

そのことについて母はどう思ってるのかなって。

父のことも正直、どう思っていたんでしょう。

かげした それは、私も個人的に聞いてみたいなと思っていました。

他にはどうでしょう?

相談者 私が生まれた時、それから半年ぐらいして父親の技術留学が決まったんですよ。

奨学生みたいなのに選ばれて。父にとってものすごいチャンスだった。彫刻の本場・ミラノに1年間留学することができる、と。

でも、母は子供だらけの上に身ごもっている。

ただ父親の性格ですから、ミラノに行くんですよ。

ところが、父は、言葉も通じず挫折。そして母に「頼むから、こっちに来てくれ」と言いました。

かげした **え、そういう展開!?**

相談者 はい。それで1ヶ月ぐらい、母はミラノに行っているんです。

そういう話を聞くと、母はすごいな〜と思いました。

かげした **確かに、走り抜けられた感じの方ですよね。その時のこともお母様に聞いてみましょう。**

ゆきさんは、中2で止まっちゃった感があって、どのようにして、その思いを昇華されてきたんですか。

相談者 親の影響か、私も「走ってきた」というのが、しっくりくるかもしれません。

青年海外協力隊で2年間ベトナムにも行きました。色々なことを仕事にして、駆け抜けました。

結婚は縛られる感覚があったので、後回しにして。

ところが、40歳をちょうど過ぎた頃。ベトナムから帰ってきた時に、「あれ？　次は何するんだっけ？」と足元がグラグラになりました。

同級生は結婚して子供がいて、みんなそれぞれの人生を築き始めているのに、「あれ？　私だけ、まだ何かを探している」と。

かげした　**なるほど。初めて立ち止まったわけですね。**

相談者　確信がついたきっかけはパートナーシップでした。一番身近にいる人との関係がおかしくなったり、近づきそうになると、私がぶっ壊すという謎の現象が起きて。

自分の中に破壊的な何かがいるな、と分かりました。

それで心の勉強をし始めて。母への悲しみを受け止める練習をし始めたのはちょうどその頃です。

かげした　勉強を始めて、何か大きな変化はありましたか？

相談者　学んでいく上で最初に潜在的に出てきた思いは、「神様への怒り」でした。「どうしてこんなに早く母は死ななくちゃいけなかったの！」って初めてにも近い形で感情の発露が起こって。

かげした　それはそうですよ。

相談者　生の声を聞きたかったり、生身の身体に触れたかったり、それが私は欲しかった。
溢れてきたのは、そんな気持ちでした。
生きていくためには、抑えなきゃいけないと思っていたことがぶわ～っと溢れてきて。
だから出し切って、ちょっと楽になりました。

かげした　それは、大きな変化ですね。
今の話に繋がるのかなと思いますが、事前アンケートに、

「私自身、お母さんの死と向き合いながら、いつ死んでも悔いのないように生きてきたけど、その一方で、最愛の人のそばにいられないと思い込んでいた」とお伝えいただいてましたね。

「最愛の人のそばにいられない」という思いと、お父様も早く亡くされたってこととの関連を感じますので、この部分も詳しくお聞かせください。

相談者

私が29歳の時でした。父が交通事故で亡くなって。

父も再婚して、今まで偏屈だった人が幸せになっていって、という時に。

父が亡くなった時も、驚きました。

さらにそれだけではなく、父がずっと散歩に連れて行っていた犬がいたんですけど、その子も老衰で亡くなって。

立て続けに、身近な存在の「死」を経験するっていう、ものすごい時期があったんです。

さすがに堪えました。

その頃、結婚の話も出ていたのですが、なんだか自分の中で「永遠」って言葉が信じられなくなって。

それからでしょうか。この人と関係を深めていきたいと思った時に、なぜか先に別れのイメージがきちゃうんです。だから結局、近づきたいけど近づけない。

かげした **予期せぬ中断が入るって感じが埋め込まれたのでしょうか。**

相談者 そうです。この時もきっと潜在的には「神様への怒り」があったと思います。

かげした **すいません。色々のめりこんで聞いてしまいました。それでは鑑定に入ります。たくさんの貴重なお話、ありがとうございました。**

相談者 いえいえ、こちらこそ、たくさん聞いてくださり、ありがとうございます。

〈ゆきさんとお母様の「星の配置」〉

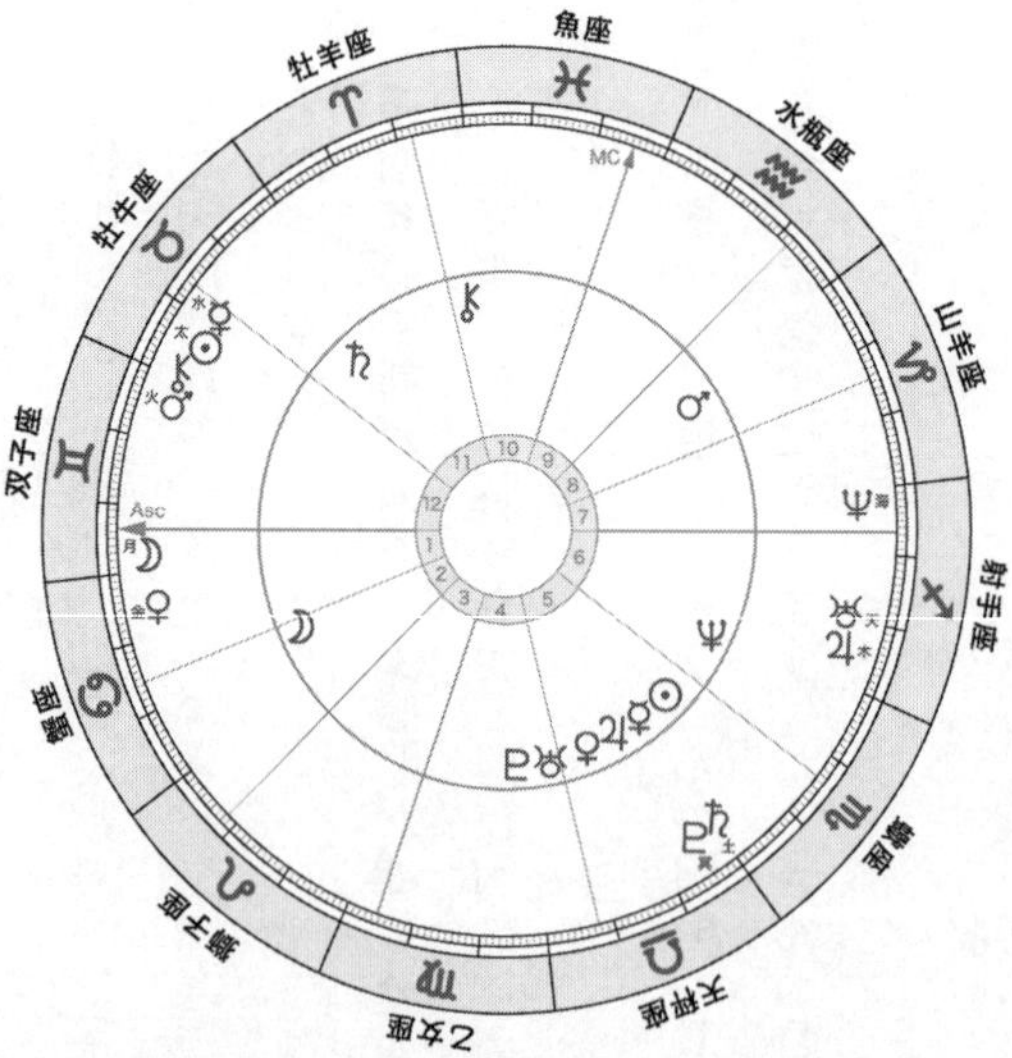

内側の円：ご本人の出生チャート（星の配置）
外側の円：故人の命日のチャート（星の配置）

<かげしたの星読みメモ>

誕生日星座：蠍座ー命日星座：牡牛座＝天空の目

・「N天体」が集合する5ハウスに「DD冥王星/土星」がアクセス：別れがもたらすパーソナリティへの大きな影響
・「N土星」と「DD木星/天王星」の課題の絆：喪失への恐れを突破する困難さ
・Nの12ハウスに「DD天体」がアクセス：故人からのメッセージ性の強さ
・Nの1ハウスで輝く「DD金星」：存在を全肯定してくれている。「愛しているよ」のサイン

※N＝本人・DD＝命日の星。
これらの解釈は西洋占星術のセオリーをヒントにした独自の表現であることをご了承ください。
※今回は占星術を詳細にお伝えするのは本書の趣旨ではないため割愛させていただきますが、実際に鑑定させていただいた印として、鑑定時に使用した、チャート図（右図）とメモを掲載させていただきます。

ゆきさんの誕生日星座とお母様の命日星座を読み解くと、2人の絆は「天空の目」。

この天空の目は、この世とあの世、違う場所にいる2人だけど、いつもお互いの姿を見つけ合っているような関係性です。

故人は、残された人にとっての「もう1つの目」としてサポートします。例えば、もし残された人が「私なんて大したことない人間だ」と落ち込んでいたら「自分にしかできないこと」に気づくきっかけを届けるでしょう。

2人の星座を読み解き、感じたことを一言で表現するならば、お母様から娘さんに対する「もう大丈夫」という言葉。

ゆきさん自身、2021年から2022年に人生で大きな節目を迎える星座の配置をお持ちです。

まるでそれを母の愛で後押しするかのようでした。

ゆきさんと、そしてこの本を読む皆様へ、その感覚を少しでもお伝えできればと手紙を紡ぎました。

次のページで紹介するのは、私から実際にゆきさんへお渡しした天国のお母様からのお手紙です。

ゆきちゃんへ

こうしてゆきちゃんとまたお話しできること。とっても嬉しいです。

子供の頃、学校から戻ってきたあなたは、「その日あったこと」を楽しそうに話してくれましたね。

そんな日々を思い出します。


あなたの感じること。あなたの見ている世界。

私は今もあなたの見ている世界が大好きです。


お母さんは、まだあなたが子供だというのに、天国に旅立ちました。

私にとっても突然のことでした。

年を重ね、子育てを無事終えて、お父さんとまた2人の時間が増えて……。
大人になった子供たちの成長を楽しんでいる。
そんな人生をどこか楽しみにしていたので、私もとっても残念でした。

でも、お母さんにとっては精一杯生きた人生でした。
愛する人と出会い、子供達にも恵まれ、とっても幸せな人生でした。

ただ、ゆきちゃんにとっては、かわいそうなことをしましたね。
もっとお母さんがそばにいて、色々、ゆきちゃんのお話聞きたかったですよ。
お母さんもあなたが女性として成長していく姿を見守りたかったです。

あなたに好きな人ができたり、愛し愛される人ができたり、
そういう光景も見たかったです。

それくらい早くに旅立ってしまいました。


果たして、母としてあなたに残せたものが、あったのかどうか……。

そんなことを思う日もあります。

もしかして、私が旅立ってしまったことで
「愛は中断されてしまう」

「楽しい時間は続かない……」

そんな記憶をゆきちゃんに味わわせてしまったかもしれないね。

幼いあなたは「なぜ私だけが」。そんな思いに駆られたこともあったでしょう。


謝って済むことではないのですが、ごめんなさいね。

とは言え、今日お母さんはあなたに「ごめんなさい」を言いに来たわけじゃないと思うのです。

お母さんはね。あなたに「もう大丈夫」を伝えたいのです。

「愛は中断されてしまう」

「楽しい時間は続かない……」

もうそう思わなくても、大丈夫ですよ。

あなたから誰も大切なものを取り上げたりはできません。

あなたが望む限り、あなたが大好きな世界はちゃんとあなたの目の前にありますよ。あなたの中にもありますよ。

だから、大好きなもの、愛するものをもっと望んでもいいのだと、

それを伝えたくて伝えたくて、ようやく伝えている気がします。

ゆきちゃんは、一生懸命、いろんなことを学んできましたね。

そして、いろんな学びの中で、きっとそのメッセージを受け取ってくれてました。

でもね、一度はちゃんとお母さんから、伝えたいなあと思っていたのです。

「もう、大丈夫。もう、何も心配しなくていいのです」と。

その一言を伝えたかったのです。

ゆきちゃんがこれまで流した涙も、抱えてきた思いも、お母さんが受け止めてあげたかった。それができなくて、本当にごめんね。

お父さんのこと。愛しいお父さんのことも話しておこうと思います。

素晴らしい情熱、大きな大きな情熱を持っている人。

それがお父さん。

でも、大きすぎたのかしら……。

小さい頃、お父さんは、自分の大きな大きな情熱を時に間違った方法で家族に表現していましたね。

なんだか、ゆきちゃんの優しさや情熱を中断するような……。

そんなことを思わせてしまったんじゃないかしら。

ただ、もう気づいていると思うけど、そんなふうに誰もゆきちゃんの大切な世界を中断するような人はいないしできない。

だから、安心してね。

もちろんお父さんにもそんなつもりはないのよ。

お父さんは素晴らしい人だけどやり方を間違っていただけなのよ。
そんなふうにお母さんは思っています。

あぁ、あなたは、お母さんが天に旅立った時の年齢を越えましたね！
立派な立派な、素敵な女性になりましたね。
だからね。お母さんの声も顔も忘れちゃっても、全然大丈夫なのですよ。
それは、あなたがお母さんを越えた証なのですから。

お母さんをどんどん越えて進むあなたがとても誇らしいのですから！

お母さんは、あなたが見ている世界をいつも一緒に「天空の目」になって眺めています。

その目線はあなたのものでもあります。

あなたの感性はとても素晴らしく研ぎ澄まされています。
本質をしっかりと見抜く目を持っていますね。
お父さん譲りなのかもしれませんね。

さらに、大きな大きな情熱を秘めている女性です。
その情熱は多くの人を幸せに導いてますね。

あなたが幼い頃
「ゆきちゃん。人と違うことは素晴らしいこと」
そんなお話をしましたね。
それは、あなたが素晴らしいってことなのですよ。

お母さんは、どこかそんなあなたが誇らしく眩しかったのでしょう。

お母さんは、平凡だったから、どこかお父さんやあなたのような人に憧れたのかもしれませんね（結果的には平凡とは言えないかしら）。


お母さんはそんなあなたが安心して自分らしい目線を大切にできるよう、応援しています。


そうそう。あなたは、大きな情熱を持った女性です。

今、あなたが思っているよりもっともっとパワフルです。

だからこそ、そのパワーをさらに上手に使えるようにお母さんがもう1つの目になりましょう。

必要なところへ、その素晴らしいパワーを届けられるように……。

最後に、もう一度言うわね。

「もう大丈夫。何も心配しないでね。
誰もあなたの情熱を止める人はいないわよ。
止める人がいるとしたら、それはあなた。あなた自身だけ。
もし、人生に迷ったら、
あなたにはいろんな目線があることを思い出してね。
お母さんは、もう1つのあなたの目になって、
あなたの人生を応援しています」

お母さんより

鑑定を終えて相談者と話したこと

今回、お母様は予期せぬ病気によって、あの世に旅立たれました。

お母様自身の幸せが突然「死」によって中断された。

そんなふうに、少女のゆきさんの目に映ったことでしょう。そして、それと同時にゆきさんのお母様との愛情に溢れた時間も予期せず中断されてしまいました。


時に子供は親の「後に続こうとすること」で愛情表現をしてしまいます。

「お母さんと同じような道を歩まなければ」と無意識に思ってしまいます。

そういったことから、ゆきさんは「愛は中断するもの」という思いに折り合いをつけながら、生きてこられたのかもしれません。

＊

相談者　お手紙をもらってからも、端から見ると、普通に過ごしているように見えたかもしれません。ですが、内面では色んな思いがぐるぐるとひっくり返るぐらい動いた、という感覚があります。

母が亡くなった時に感じきれなくて、バン、バンと蓋をした部分に触れる感覚もあって。そして、母が亡くなった当時「母が亡くなったのは、私のせいじゃないだろうか」と考えていたことを思い出しました。でも、「そんなバカなことを言うな」って怒られるのも分かっていたので、誰にも言ったことはありませんでした。

でも、やっぱり思っていたんです。5人も子供がいて、私は一番末っ子なので、自分がいないほうが楽だったんじゃないかって。

その思いがことのほか大きかった。それで鬱っぽくなりました。

かげした　**母親を失う悲しみよりも、「もしかして母の死は私のせい？」と自分責めの気持ちが出てきてしまったと。**

相談者　はい。ただ……。

かげした　ただ？

相談者　何度も何度もいただいたお手紙を読みました。何度も何度も。そうしたら、「母との関係性は自分で紡ぎ直していいんだ」っていうところになぜか落ち着いて。

かげした　それは解釈をし直すということですか？

相談者　いいえ。解釈し直すとは少しニュアンスが違います。

かげした　お母様との関係を自分の中で新しくやり直すということですね。

相談者　はい。まさに。これまでは「お母さん」という存在を追いかけてきた。なんで行ってしまうのって。だけど、そうじゃない。超えていいんだって。お母さんを超えて、その上で、お母さんとの関係を紡ぎ直していいんだって。

かげした　白紙になるとか、そういう意味じゃなくてね。お母様からすると、「何も残せなかったかもしれないけど、そんなこと関係ないよ」っていう。これから2人で作っていこうねって。

相談者　そうです。蓋をしていた部分に触れて、鬱っぽくなって、だからこそ、これまで絶対に気づけなかった視点に気づけた感覚があります。

かげした　**人生がこれから飛躍していくサインかもしれないですね。一段上に行こうとする時は、一段下を見ますよね。そんな感じで、ゆきさんは、これから飛躍する時だから一段下を見る必要があったのかも。**

相談者　はい。これまでは、問題なく無難に生きてきた感覚があります。例えばお仕事とかでも、色々と任されると、逆に怖くなることもあった。「他にもっと優秀な人がいるんだから、私じゃないほうがいいのでは？」と。せっかく声をかけてもらっているにもかかわらず、です。それを受け取らずに、押し返したりとか、そこから逃げ出したりとか、中断させたりとか、実は今まで結構そういうことがあったんです。そんな「見たくない自分」を今回、目の当たりにした感覚があります。

かげした　**ゆきさんの心の奥深くで、そういった自分の負い目を越えたいってずっ**

と思っていたんでしょうね。それが今回、お母様との関係性を読み解く中で顕在化した。

相談者　そうでしょうね。そんな生き方をし続けても、誰も幸せにならないでしょうし。

私だって、幸せじゃない。それはとっくに気づいていた。

かげした　**お母様はずっと、「もう、中断しないから」と言っているんですよね。ゆきさんの中で、お母様のことがあったから「素敵なものは中断されてしまう」という思いがあったのでしょう。**

お母様はその性格を一番心配されていて、「あなたが好きだと思う世界は、あなたが望む限りずっと続くのよ。目に見えないとしても繋がりは切れないし」ってことを、ゆきさんに伝えているようでした。

相談者　だから、受け取りなさいと。これまで自分で一生懸命、予防線を張って生きてきました。

だけど、それももう限界まできていたわけですね。

かげした　お母様の人生だって、これからお父様と2人でラブラブとか、もしかしたら、そういう未来を夢見ていらっしゃったかもしれない。子供たちが大きくなって、孫を見て……ということだって思い描いていたかもしれない。

それら全てが中断されるのを見てしまったゆきさん。

その結果、ゆきさんは、頭では「愛するお母さんができなかった未来を生きよう」と考えながらも、お母さんと同じ道を選ぼうとする子供そのものの生き方をしてしまった。

だからゆきさんは、自分の幸せも中断させなきゃいけないという葛藤も持ってしまっていたわけですね。

相談者　だけど、これからは、そんなお母さんとの関係性を結ぶわけでなく、紡ぎ直す。

かげした　はい。その心意気で良いと思います。新しい関係性をお母様も望まれている。

あと、「お母さんの死が私のせい？」と思ってしまったことについて。末っ子だからこそ見えることもありますよね。きょうだいの端っこにいるからこそ見えることが。

相談者　一番小さかったからこそ、感じることもあったでしょう。

そうですね。「母の死」と「自分の存在が重荷になっている」ってことを結びつけちゃったんだと思います。

かげした　当時13歳のゆきさんは、そういう思い込みを自分に課しちゃったのでしょうね。

ちょっとセラピー的なワークなのですが、ゆきさんに試しに言ってみていただきたい言葉があります。

相談者　なんでしょうか？

かげした　「お母さんの死は私のせいじゃありません」って、言っていただいていいですか？

相談者　は、はい。「お母さんの死は、私のせいじゃありません」

かげした　**「私は何も悪くない」**

相談者　「私は、何も悪くない」

かげした　**「お母さんの運命を尊重します」**

相談者　「お母さんの運命を尊重します」

うん。うん。なんだか心が軽くなります。

13歳の時、どうしても「誰のせいでもない」ってところに、行きつけなくて。

それでいて、他の人のせいにしたくないから、私のせいだってところに落とし込んだのだと思います。

かげした　**でも、誰も悪くありません！**

相談者　そうですね。誰も悪くない。だけど、やっぱり身内の死っていうのは、みんなどこかで自分を責めるほうに行ってしまいがちなんですよね。

かげした　**分かります。私も従姉妹が火事で亡くなった時、「私だけ、生き残ってしまった」と思っていました。**

感情をぶつける矛先がなくて、神社に行って怒りをぶつけることもありました。

でも、そうやって自分を責めながらも、ご自身の痛みや悲しみとも向き合ってこられたゆきさん。そんな末っ子ちゃんのゆきさんだからこそ、世の中の人の傷や、辛さ、それに自責の念というのも見ることができるのでしょうね。

共感するだけでもなく、見据えられる。ある意味、私はこれからのゆきさんが楽しみです。

相談者　歳を重ねていくのが楽しくなるような価値観が生み出せたらいいな、とはずっと考えています。

もちろん歳を重ねることで失うものもある。だけど、その代わりに増えていくものもあるよって、たくさんの人に伝えられたらと。

かげした　それが分かれば私も嬉しい！　ゆきさんだったらできちゃうだろうな。

相談者　やっぱり幼少期の母の死、っていうのが常に自分の人生に影を落としていて。

自分の人生を一生懸命生きている感じではあったんだけど、とは言っても100%生き切ってないっていう実感がずっとあったんですね。でも今回は、悶々としたものも含め、その先を感じられたような気がします。

かげした　**つまり紡ぎ直せる。**

相談者　はい。折り合いをつけるのではなく、紡ぎ直す。

かげした　**新しいお母様との繋がり方、愛し方を思い出されたのですね。とっても素敵です。**

＊

これまでも、お母様とのお別れに関して十分すぎるほど向き合ってこられたと思います。そんなゆきさんがおっしゃっていた「紡ぎ直せることが分かりました」という言葉が印象的でした。

少女時代にお母様を亡くされたことは、ゆきさんご本人が頭で考えるよりずっと、長い間重たい荷物として背負ってこられたものだったでしょう。

もちろん、お母さんの死は誰のせいでもありません。

ゆきさんも頭ではしっかりと理解していらっしゃいました。

しかし、心のどこかでことあるごとに、「私がいたからだ」という自己否定が奥深くにあったことを、命日占いを通して見つめることになったようでした。

そして、その闇からふと抜けた時、「紡ぎ直せるんだ」という言葉が出てきたのでしょう。

その「紡ぎ直せるんだ」という言葉の奥にあるのは、

「もう、お母さんの死に折り合いをつけるように生きなくてもいいんだ」

という思いであると私は受け取りました。

人は、自分のアイデンティティの一部でもある大切な人を亡くした時、どこか自分の一部もなかったことにするのかもしれません。いや、そうせざるを得ないのだと思います。

ところが今回、もう1つの全く新しいストーリーがあることに気づかれたのでしょう。

「新しく紡げるんだ」

ゆきさんのその言葉が物語っていました。

そんなゆきさんを、「天空の目」になったお母様はあたたかいまなざしで、見守っていらっしゃることでしょう。

おわりに

さて、ここまで大切な方とお別れした10名の「未来へ続くストーリー」を取り上げさせていただきました。いかがでしたでしょうか。

ご自身の体験と重ね合わせ読んでいただいた方もいらっしゃるかもしれません。

また、いつもはあまり意識しない「死」について触れる時間を持っていただけたかもしれません。

こうして10人の方のお話を見てみると私自身も思うのです。

大切な人とのお別れは終止符ではない。その人の未来へ続く道のりの中で、大切な岐路となっているのだと。

たとえ、実際に出会うことなく訪れた別れであっても、不思議なことに故人の生き様はその方の一部になっていることにも気づかされます。

名画「ひまわり」で有名な画家ゴッホはこう言い残しています。

〝人間が生きる限り、死人も生きているんだ。〟

あまりにもストレートすぎる言葉に圧倒されてしまいます。ですが、本書に込めたメッセージと言いたいことは同じなのです。

天に旅立った方とは肉体を通して会うことはできなくなります。

しかし、生きている私たちの一部となって、この世に存在し続けているのです。

また、今回お別れの悲しみは決して1人で乗り越えているのではないことも浮かび上がってきました。

大切な人と離ればなれになってしまった。

それは故人から見てもまた同じなのです。

本書の中の鑑定で、おじいさまを亡くされた女性が、
「天に行ったおじいちゃんは悲しくないのかな。」とおっしゃっていたことを覚えていらっしゃいますでしょうか。

そう。おじいさまも悲しかったはずです。

ですが、天と地に別れた2人が「悲しみ」と向き合ったその先に見つけたのは、あたたかな安心感でした。

故人との絆は温もりをもったまま育まれ続けていたのです。

ゴッホの生き生きした筆使い、生命力溢れる名画は確かにこの世で生きていて、その後も私たちの間で様々な物語を紡ぎ続けているように。

あなたにとって大切な人との物語もそうやって育まれていくのです。

さて、実は1冊目『命日占い』の執筆中から、私には葛藤がありました。

それは平凡な占い師が「死」を語ってもいいのだろうか？　ということ。

もちろん、それを上回る使命感のようなものがあったことも確かです。

ただ、私は「死」に関する本当のこと。つまり死んだらどうなるか？　について何も知りません。死んだことがないからです。

また死生観を扱うプロでもありません。

そのような私が書いていいものだろうか？　と葛藤したわけですが、あえてこの気持ちを否定せず、解決もせず、寝かすことにしたのです。

その葛藤は、この2冊目を書き終え、あるところへ着地したように今、感じています。

「死」について本当のことを知ることは、生きるためにはさほど必要ではないのではないだろうか。

それより大事なのは「自分が何を真実とするか」ではないか。

着地したのはこんな思いです。

なぜならば、「何を真実とするか？」が、「いかに生きるか」つまり、「何を信じて生きるか？」というテーマに直接繋がるからです。

亡くなった人は、あなたの一部として生き続ける。
その絆は死後もなお、育くまれている。

これは私の真実であり、少なくともこの本に登場いただいた10名の方も同様だと思います。

そして、1人の運命を読み解く占い師として私が最も多くの人にお伝えしたかったのは「1人じゃない。だから安心して生きていい」というメッセージなのです。
このメッセージをお伝えするため、私は「占い」というツールを選びました。
それは私が占い師だったから、というより「占い」が私にそういった死生観を教えてくれたから、と言ったほうが良いかもしれません。

「たかが占い、されど占い」「当たるも八卦、当たらぬも八卦」と言われるように占いは、合理的なものではなく、どこか、全ての物事を区別しない世界観を持っています。

つまり、外で起こっている星の動きも、個人的な体験も区別しません。地上で起こることも天で起こることも同じ土俵に乗せてしまい、全て1つの布で繋がっている、関連していると考えるのです。そこに意味を見出す営みです。

私たち人間も同じです。

理屈や常識で受け止めきれない出来事に遭遇した時、理屈の外側に答えを求め、そこで語られる真実を生きる力に変えようとします。

これは捉え方次第では、「占い」ほど人間に優しいツールはないとも言えるのです。

時として、私たちには生きていくために、「用意された真実」が必要なのですから。

さて、私がそんな1人相撲をしている間にも、この本は、見えない何かに導かれるように完成していきました。

完成した原稿を読みながら、関わってくださった多くの方々への感謝の気持ちが溢れてきます。

真摯に占いや心の世界を研究し、日々素晴らしい洞察を与えてくださる研究者、講師の方々。この本の執筆をサポートし、ご協力いただいた&Uのスタッフの皆様。出版社の方々。そして、この本に登場してくださった10名の方、企画段階にてアンケート、インタビューに快く応じ、ご自身のお別れの体験をシェアしてくださった皆様。「命日占い」を応援していただいた皆様。

それら全ての人たちのお力添えなしにこの本は誕生しなかったでしょう。改めて感謝の意をお伝えしたいと思います。

もちろん1枚の布で繋がっている天にいらっしゃる魂たちにも愛と感謝を。

お陰様で、揺るぎない安心感とともにこの本を世に送り出すことができます。

このあとがきを執筆している今まさに、私の出生チャートの「生と死の部屋」に祝福の木星と水瓶座の太陽がぴったり重なった状態で入っています。

この世に生きる私たちと大切な故人たちとの絆の物語をあたたかく見守っているような星たち。

この本も空の星たちも1枚の布で繋がっていることを感じます。

これらの星たちに乗せて、この「命日占い」が多くの方の〝生きる安心感〟に繋がりますように。そして、未来への希望となりますように。

そう祈りながら筆を置かせていただきます。

獅子座の満月の日に。かげした真由子

デザイン
山田知子（chichols）

プロデュース
山本時嗣

広報企画・実行
& U

カバーイラスト
竹中りんご

イラスト
佳矢乃（sugar）

校正
ペーパーハウス

DTP
朝日メディアインターナショナル

編集
岸田健児（サンマーク出版）

かげした真由子

命日ホロスコープ占い師・心理セラピスト。

サウンドクリエイター、ベンチャー企業の立ち上げ、保険営業マンの秘書などを経てタロット占い師になる。2008年より占い師・心理セラピストとして独立。現在までの鑑定数はのべ1万5千件。

占い業界の激戦区「大阪のミナミ」で占い店のプロデュースを手掛け、1店舗目開店より3年で3店舗まで増やすことに貢献。当てるだけではなく、占いによってその人が持って生まれた可能性を引き出し、未来を切り開くタロットセッションが評判を呼び同業者、起業家を多数顧客に持つ。「誕生日占いができるなら、命日占いはできないのでしょうか?」と相談を受けたことをきっかけに、故人の命日をもとに相談者の人生を占う「命日占い」を始める。

命日占い〈未来編〉

2021年3月20日　初版発行
2021年4月5日　第2刷発行

著者　かげした真由子
発行人　植木宣隆
発行所　株式会社サンマーク出版
〒169-0075
東京都新宿区高田馬場2-16-11
（電話）03-5272-3166
印刷　共同印刷株式会社
製本　株式会社若林製本工場

ISBN978-4-7631-3887-3　C0095
ホームページ　https://www.sunmark.co.jp/